JN439032

초록
편지

국립중앙도서관 출판예정도서목록(CIP)

초록편지 : 김영중 에세이 / 지은이: 김영중. --
서울 : 선우미디어, 2015
p. ; cm
ISBN 978-89-5658-383-9 03810 : ₩12000
한국 현대 수필[韓國現代隨筆]
814.7-KDC6
895.745-DDC23 CIP2015003895

초록편지

1판 1쇄 발행 | 2015년 2월 10일

지은이 | 김영중
발행인 | 이선우
펴낸곳 | 도서출판 선우미디어
등록 | 1997. 8. 7 제305-2014-000020호
130-100 서울시 동대문구 장한로12길 40, 101동 203호
(장안동 우성3차아파트)
☎ 2272-3351, 3352 팩스: 2272-5540
sunwoome@hanmail.net

값 12,000원

※ 이 도서의 국립중앙도서관 출판시도서목록(CIP)은 서지정보유통지원시스템 홈페이지(http://seoji.nl.go.kr)와 국가자료공동목록시스템(http://www.nl.go.kr/kolisnet)에서 이용하실 수 있습니다.
(CIP제어번호:2015003895)

ISBN 978-89-5658-383-9 03810

초록 편지

김영중 에세이

선우미디어 sunwoomedia

머리말

사람들은 살아가면서 관계 속에서 때에 따라 선물을 주고받으며 삽니다. 그 선물에 담겨진 의미가 감동적일 때 눈물이 솟는 행복감을 느끼게 됩니다.

2011년 ≪사람과 사람 사이≫를 출판한 후, 또 다시 책을 펴내게 되어 여간 기쁘지 않습니다. 3년 만에 책을 출간하게 된 것은 순전히 딸들의 감동적인 선물 덕입니다.

저희 가정에 2014년 4월은 남편이 가족들과 이별하고 천국으로 간 지 10주기가 되는 해입니다. 아버지의 부재, 그 긴 세월을 가장 노릇을 하며 가정과 자녀들을 성심껏 보살펴 주며 삶에 큰 힘이 되어 주어 감사하다는 딸들의 고마움에 대한 보답으로 책 출판을 선물로 받은 것입니다. 마치 공로상과 다름이 없으나 이 상은 내 안에 슬픔을 희석시키며 나를 행복하게 합니다.

어쩌면 내 문학 인생에서 마지막 출판이 될 수 있으리라는 생각으로 3년 동안 여기저기 발표했던 글들, 수필, 칼럼, 축하의 글,

신앙의 글들을 같이 엮었습니다. 특별히 질병의 고통으로 힘든 시간을 보내는 사람들, 크고 작은 상처로 아픔을 안고 사는 사람들에게 위로와 힘을 드리고 싶어 봉사를 한답시고 깊은 영성 없이 썼던 신앙의 글들을 한데 묶으며 부끄러움과 교만을 반성합니다.

이 책을 독자들께서 사랑의 눈으로 읽어 주신다면 나는 기쁘고 행복하겠습니다.

책 출판을 위해 정성을 다해 준 선우미디어의 이선우 대표님, 내 가족들에게 사랑과 고마운 마음 전합니다.

을미년 새해를 맞으며

저자 김영중

| 차례 |

2 옛것이 좋다

3 이 시대의 문학인들

4 숲의 향기를 찾아서

5 나의 신앙, 나의 삶

6 초록편지

7 축하합니다

1

나의 서재

겨울이 품고 있는 것

추위에 약해 다른 사람들보다 두 배나 더 추위를 타는 주제에 어느 계절을 좋아하느냐고 물으면 겨울이라고 답한다. 겨울을 좋아하게 된 동기는 몇 가지 이런 것들이다.

내 모습을 숨길 수 있기 때문이다. 점점 탄력성을 잃어가며 처져내리는 육체를 가리며 감출 수 있는 털옷을 입게 만드는 계절이고, 하늘 가득히 피어나는 수만, 수억만 송이의 희디흰 설화, 겨울의 꽃 눈이 있음으로 해서 겨울을 사랑한다. 춤추듯 땅 위로 내려오는 많은 눈송이에는 소리 없는 노래가 있고, 꿈이 있고, 사랑이 있고, 시가 있고, 이야기가 있다. 깨끗한 흰 눈을 노래한 김광균의 〈설야〉라는 보석 같은 시를 읽은 후, 눈 내리는 겨울이 한층 더 좋아졌다.

눈 내리는 날은 산과 들이 은색의 세계로 변하고 가지마다 기이

하고 아리따운 백화가 핀다. 그 어떤 빛깔이 이 순백의 우아함을 좇아 갈 수 있겠는가. 높은 것도 낮은 것도, 고운 것도 추한 것도 모두 덮어버리며 흰 옷으로 갈아 입혀주는 하늘 축복의 선물, 눈이 오는 날은 그 빛깔에 취해 절로 마음이 너그러워지고 세상이 아름답게만 보인다. 눈은 우리의 마음을 순수하게 하고 동심에 젖게 한다.

60년대 겨울은 칼끝 같은 매운바람이 뼛속까지 파고드는 한기로 가난한 서민들의 마음은 춥고 을씨년스러웠다. 요즈음 겨울은 너무 따뜻해 겨울답지 않다. 겨울에도 비가 내린다. 겨울비는 겨울이 우는 것 같다. 나는 비대신 눈을 원하나 사막의 도시에 살고 있어 눈을 보지 못해 불행하다. 강원도 산간지대에 2m가 넘게 내린 눈을 한 번 보고 싶다.

고국을 떠나온 후에는 그런 눈을 실제로는 본 일이 없다. 다만, 영화에서 멋있는 설경의 장면들을 보았을 뿐이다. 가도 가도 끝이 없는 눈길, 러시아의 눈은 낭만적이다. 러시아 소설을 영화화한 〈전쟁과 평화〉〈닥터 지바고〉〈카라마조프의 형제들〉 등 영화에서 특히 드미트리 역을 맡았던 율 브린너가 그의 연인을 만나러 갈 때 그의 외투 위에 목화송이만한 함박눈이 내리던 장면들은 말할 수 없는 감동이었다.

그러나 눈이 항상 좋은 것만은 아니다. 다른 자연현상과 마찬가지로 눈도 양면성을 가지고 있다. 아름다움만큼 그에 못지않은 엄청난 파괴력을 지니고 있다. 눈이 오면 증가되는 교통사고뿐만 아니라, 비닐하우스나 인삼밭의 발[簾]을 파괴해서 많은 피해를 입힌다. 눈은 두렵고 신비한 위력을 지닌 것이다. 두렵고 신비한 위력을 지녔으나 온 세상을 표백하는 강설의 현상은 인간들에게 무엇인가 가르침을 준다.

은총의 햇살 아래 소망의 은빛 날개를 마음껏 펼쳐보고 싶다. 내일의 소망은 "눈이 오는 날처럼 살고 싶다." 온갖 잡스럽고 치기어린 다툼의 추악한 것들, 쌓고 모으던 욕심을 털어버리고 깨끗하게 비운 가슴에 충만한 은총이 넘치도록 받아질 것을 바라는 마음으로 두 손을 모은다.

'눈이 오는 날'이 있다는 것은 얼마나 즐거운 일인가, 더욱이 그것이 겨울이 품고 있는 것이기에 내가 겨울을 좋아하는 큰 기쁨이다.

나의 서재

책에 대한 애착은 세속적 욕심과는 다르다. 옛날에는 집에 장서를 소장하고 글 읽을 만한 분위기를 만들어 놓아야 품위 있는 가정으로 인정되었으나 지금은 책에 대한 가치 개념이 달라지다보니, 책에 대한 인식도 예전과는 다르다. 이사 간 집 쓰레기더미 속에는 책이 주종을 이루고 여기저기 버려지는 책, 쏟아지는 전자책들로 인해 서재가 실종되는 현실이다.

이러한 실태 속에서 책을 보물처럼 생각하고 귀히 여기는 사람들의 마음이 오히려 구태의연한 것 같아 격세지감을 느끼게 하지만, 이런 마음을 가지고 산다는 자체가 얼마나 소중한 행복인지 모른다.

나의 서재는 내 집 지하방이다. 서재라기보다는 나만의 공간인데, 내 공간이 있다는 것 나만의 방이 있다는 것이 나는 참 좋다.

나의 책방은 오래 묵어 내린 잡목림 같은 책의 숲속이다. 나는 학자도 아니고, 연구가도 아니다. 다만 책을 사랑하는 문인 중의 한 사람이다. 나에게 배정된 시간을 살다가 언젠가는 옛사람이 되어 버릴 나를 위해 내가 경험한 삶의 이야기들을 문학으로 조각하기 위해 내 책방에서 항상 바쁘다. 그렇기 때문에 매달 배달되는 신간 서적들이나 기증받는 책들을 정리할 짬이 없다. 그렇다고 해서 아무렇게나 내버려 두지는 않는다.

내가 글을 쓸 때, 그 서적이 필요할 때, 찾고 싶을 때, 손쉽게 찾아낼 수 있게끔 그 자리를 정해 두곤 한다. 쌓여 있는 책들이 모여 있는 책상 앞에 앉을 때 나는 숲속에서 독거하고 있는 안정감, 마음의 고요와 편안함을 느낀다. 사색가가 숲을 사랑하듯이, 정리되지 않은 내 책방 서재 안의 책들, 잡목림을 사랑한다.

나는 내 서적의 숲속 사정을 잘 알고 있다. 어디에 개울이 흐르고, 어디에 샘이 있고, 어디에 고목이 있고, 어디에 어떤 새의 둥우리가 있고, 어디에 오솔길이 있고, 어디에 꽃이 피어 있고, 때문에 나는 내 숲을 나만이 드나들고 나만이 관리를 한다. '흐트러진 질서'를 나는 사랑하고, 그 속에 가득 배어 있는 나의 냄새, 나의 비밀, 나의 흔적을 남이 알기를 싫어한다.

나는 나만의 방은 늘 청소하지 않는다. 어쩌다 마음 내키면 대충 먼지를 털어내고 닦아낼 뿐이다. 이 책방에는 금액으로 환산하면 어느 정도라고 말할 수 있는 물건들은 없고 오직 나에게만 황금처럼 귀중한 물건들뿐이다. 사군자의 그림 액자가 있고, 수상한 상패들과 감사패들, 이민 올 때 선물로 받은 한국화 몇 점이 옛정 그대로 벽에 걸려 있다. 그리운 사람들의 사진들이 놓여 있는 창가에는 비록 조화이긴 해도 샛노란 개나리꽃의 웃음이 피어있다. 나무로 만든 책상 위에는 색동옷을 입은 초들이 나란히 세워져 있다. '네 영혼이 고독하거든 산으로 가라'는 말이 있으나 나는 혼자 짐을 져야 한다는 외로움이 몰려와 고독할 땐 산이 아닌 지하 책방으로 내려가 까마득히 잊어버렸던 지난날들의 행복을 끄집어내기도 하고 수필의 집을 짓기도 한다. 때로는 답답함을 느낄 땐 촛불을 켜며 무거운 마음, 추하고 우울한 이야기들을 연소시켜 놓기도 한다.

시간은 끊임없이 흐른다. 흐르는 시간 속에 사람들은 노쇠하며 나이가 들어간다. 나이 들어감의 의미는 정신이 낡아지며 매몰되어 인생의 빛을 잃어감이다. 어찌 여름의 더위나 겨울의 추위를 피하듯 피해갈 수 있겠는가. 그러나 잠드는 영혼으로부터 탈출하여 깨어있는 영혼이고 싶어 나는 고뇌하며 수필의 집을 쉴 새 없이 허물었다 다시 짓는 작업을 반복하며 정신 내면에 생성의 힘을 얻고자 잡목림 같은 책의 숲, 나만의 방, 나의 서재에서 오늘도 하루해를 보낸다.

굽이 높은 구두

천지 가득 봄 햇살이 축복처럼 쏟아진다. 바야흐로 봄이 온 것이다. 겨울 내내 두터운 옷과 털신 속에 움츠러들었던 여인들은 봄을 맞으며 봄의 빛깔처럼 화사한 모습으로 자신을 아름답게 연출하고 싶은 심리가 있다.

타 주에 사는 언니가 부활절에 신을 구두를 한국제품으로 된 것으로 사 보내 달라는 전화를 하셨다. 부탁을 받은 나는 언니의 심부름꾼이 되어 동네 근처의 백화점들은 물론 한국타운 곳곳의 양화점을 돌며 온갖 형태의 구두들을 원 없이 구경했다. 그런데 수많은 구두 중에서 사이즈, 디자인, 색깔, 굽의 높이, 어느 것 하나 언니가 원하는 것을 발견할 수가 없었다. 구두는 그 신는 사람의 교양과 취미를 드러내기에 주문 받은 구두를 찾아내기란 서울에서 김서방 찾는 것만큼이나 쉽지 않아서 허탕만 치고 심부름꾼의 소임을 다하지 못한 꼴이 되고 말았다. 사람이든 물건이든 만남이 이루어지는 것은 역시 인연이 있어야 되는 일임을 새삼 실감했다.

봄을 기다리는 것은 사람과 꽃들만이 아니다. 상가에 진열되어 있는 상품들도 봄을 기다린다. 다양한 디자인과 화려한 색깔의 구두들, 저마다 예쁜 모습을 뽐내며 봄 손님들을 기다리고 있었다. 유난히 내 시선을 끌었던 것은 10센티가 넘어 보이는 굽 높은 구두들의 등장이었다. 저걸 신고 어떻게 걷는지 놀라웠으나 허리를 꼿꼿이 폈을 때 높은 구두로부터 전해지는 당당함과 자신감을 느끼게 해주는 늘씬한 외모의 아름다움 때문에 젊은 여성들이 애용한다는 생각이 들었다. 굽이 높은 구두는 키가 커 보이려는 수단이기도 하겠지만 스스로 고귀하고 매력적인 존재로 느끼게 하려는 자기 최면 같은 만족, 그것이 굽이 높은 하이힐이 주는 환상이 아닌가 한다.

마릴린 먼로가 "나를 성공의 길로 올려 준 것이 바로 하이힐이었다."고 고백한 것을 보면 하이힐은 수세기 동안 여성들의 지지자 역할을 톡톡히 해온 것이 틀림이 없는 것 같다.

하이힐은 원래 화장실이 없는 베르사이유 궁전의 오물에 드레스가 더러워질까봐 신었다고 하고, 신분의 차이를 표시하기 위해 신었다고도 한다. 신발굽이 높으면 높을수록 귀한 신분을 상징함으로 한 자쯤 되는 신발을 귀부인들이 즐겨 신었고 높은 굽을 감추기 위해 스커트(치마) 길이도 길어졌다고 한다. 때론 예상치 못한 낭패를 당해 넘어지기도 하고, 굽이 빠지거나 부러지는 경우도 있어 시종이나 시녀들의 부축을 받으며 걸었다는 재미있는 글을 읽었다. 여성들이 커 보이고 싶은 욕망은 그때나 지금이나 다름이 없는 모양이다.

중년의 나이를 넘어서면서부터 나는 하이힐을 신은 적이 거의 없었다. 걷기에 자유로운 납작하고 편안한 단화, 능률적이고 실용성 있는 신발만을 신었으니 자연 하이힐은 그림의 떡이 되고 말았다. 그러나 아직도 내 신발장 안에는 굽이 높은 구두가 여러 켤레 놓여 있다. 내 생전에 다시 신어 볼 기회는 이제는 없겠으나 내 삶의 흔적, 내 체취가 느껴지기에 차마 버리지 못하고 있다.

신발은 인간의 생활을 영위하고 활동하는 데 있어 직접적으로 영향을 주는 물건이 아닐 수 없다. 양식과 같이 없어서는 안 될 필수품으로 나의 행동해 온 발자취이며 생애의 기록이다.

이 봄, 젊은 여성들이 굽이 높은 구두를 신고 이 세상을 내려다보며 활보하는 즐거움도 삶의 과정에서 젊음의 흔적을 남기는 일일 것이며 구두의 역사, 인생의 역사를 만드는 일일 것이다. 굽 높은 구두의 매력도 그들로 언젠가는 세월 속에 묻어야 할 때가 곧 올 것이기에….

내 고민, 관계 맺기

이 세상을 살아가는 사람들은 다양한 사람들을 만나고 그 만난 사람들과 대화를 나누며 교류하는 관계 속에서 존재한다. 사람들과 언어로 소통하며 좋은 사이를 만든다는 것처럼 어려운 일도 없고 중요한 일도 없다.

가기만 하고 오지 않는 말, 오기만 하고 가지 않는 말은 양방통행이 아니기에 마음을 단절시켜 관계를 끊어지게 한다. 반면에 주고받는 왕성한 대화에는 꽃이 피며 행복한 관계로 이어진다. 행복한 사이는 사람의 정신을 새롭게 하고 생의 차원을 성숙시킨다.

나 역시 수많은 사람들과 교제하면서 서로 마음이 맞고 말이 잘 통하는 사람과는 안부의 인사나 농담도 나누고 선물도 주고받고 정보와 지식을 교환하나 그렇지 않은 사람과의 만남은 꺼려하며 피하고 살고 있기에 정과 마음을 나누는 사람들은 그리 많지 않다. 사람을 다 똑같이 사랑할 수 없는 운명을 타고난 것은 인간 원죄에서 비롯된 마음일 것이다.

나와 인연을 맺은 오 선생과의 만남은 손수건과 같은 아름다운 만남이다. 힘이 들 땐 땀을 닦아 주고 슬플 때는 눈물을 닦아주는 나에게 행복을 주는 사람 중에 한 사람이다. 창밖에 퍼붓는 빗소리가 면도칼처럼 내 마음을 죽죽 긋고 있을 때, 그녀에게서 함께 비를 감상하자는 카톡이 왔다. 그녀의 초대가 기쁘고 반가워 선뜻 오케이라는 답신을 전송하고 나니 마음이 무채색에서 단번에 유채색으로 전환된다. 그녀를 만날 때마다 그녀의 얼굴에는 항상 화평한 표정으로 충만하고 그녀의 몸에서 봄바람이 풍기는 것 같아 마음이 훈훈해지는 친화감은 물론 공감되는 대화가 즐겁고 감격스럽다.

우리는 비 내리는 거리가 내다보이는 창가에 마주 앉아 규칙적으로 묶여있던 일상을 풀어 놓고 웃고 웃기는 영혼 없는 수다를 떨며 차를 마신다. 치약튜브를 짜내고 짜내듯 느낌과 생각을 짜내 글을 쓴다는 창작의 고뇌와 종교, 문화, 건강에 대한 무궁무진한 이야기에 열중하노라 시간이 가는 줄 모르는 행복감에 젖어든다. 철학자 야스퍼스는 이런 행복한 만남은 실존적 관계라고 하지 않았는가.

그런데, 관계란 참 이상하다. 한 번 역할이 맺어지면 대체로 그 역할이 고정되어 진행된다. 오 선생과 나 사이도 그랬다. 항상 그녀가 식비는 물론 그 외의 지출까지도 전적으로 담당을 한다. 넉넉한 인심으로 그녀는 베푸는 쪽이고, 나는 받는 쪽이어서 주고받는 관계 원칙의 균형을 깨곤 한다. 아마도 하늘이 정해준 그녀의 가슴, 사랑의 크기가 나보다 더 큰 것이 아닌가 싶다. 오 선생을 통해 나를 향한 하나님의 깊은 배려라고 생각하니 초라한 내 마음은 위안과 감사로 채워진다.

오 선생과 헤어져 돌아오는 내내 "김 선생, 뭐니뭐니해도 인생의 성공자는 사람들과 행복한 관계 맺기를 잘 이룬 사람이에요." 라고 했던 그녀의 말이 내 귓전에 마요네즈처럼 엉겨 붙으며 가슴저 밑을 아프게 훑는다.

이 지상을 떠난 사람의 자취는 그가 남긴 사물에서가 아니라 그를 기억하는 사람들의 가슴속에서 발견된다. 사람들과 관계 맺기를 잘 이룬 사람은 사후에도 그가 관계 맺었던 사람들의 마음속에 살아남아 그리움으로 남을 것이다.

관계 맺기를 잘하는 것은 상대에 대한 큰 사랑과 이해의 능력이 아니겠는가, 성공 없는 내 인생, 마치 사막에 혼자 서 있는 것 같은 고독이 느껴진다. 관계 맺기의 개선을 위해서는 사람들과 어울려 하나가 되어 조화를 이루는 것이리라. 그러기 위해서 만두속 같은 내 마음을 헤집고 박혀있는 편협된 것들을 골라내는 일이 내 고민이며 숙제이다.

멈추면 빛은 사라진다

몇 달 전, 계단에서 낙상하는 순간의 사고로 척추를 다친 후, 허리를 펴지 못해 보행이 자유롭지 못한 환자 노릇을 하게 되었다. 건강에 봄날은 갔다는 상실감, 좌절감도 따랐지만 극복의 발돋움을 위해 일상의 해야 할 일들을 접었고, 글 쓰는 일조차 외면한 채 허리 회복을 위해 오로지 운동과 치료에만 전념을 했다. 그런 와중에, 한국을 다녀오게 되었다. 서울에 체류하는 동안 새로운 광경들을 보고, 듣고, 느끼는 시간을 충분히 가졌다.

심혼을 기울이며 빛나는 인생을 살고 있는 예술인들, 문인들의 삶을 가까이에서 보게 된 것이다.

서울의 문인들은 밤새 불 밝히며 피를 토해내듯 훌륭한 역작들을 쏟아내고 있었다. 이슬을 진주로 바꾸는 일, 햇빛에 스러져 버릴 이슬방울을 언어로 형상화하며 진주 같은 보석으로 만든 작품들로 사람의 마음속 깊이 빛을 보내며 세상 사람들과 소통하고 있는 것이었다.

나는 그들의 작품을 읽으며 감동했으나 침묵했다. 감동의 극치는 침묵일 뿐, 다른 찬사의 말을 찾을 수가 없었기 때문이었다.

인사동 거리에는 재능과 불타는 정열과 강한 의욕의 화가들의 그림전시회가 갤러리마다 열려있었고, 대학로는 물론 예술극장마다 연극공연이 한창이었는데, 주연 배역을 맡은 노장들이 천재의 신명을 아끼지 않고 몰입하는 명품 공연을 보였다. 칠순의 나이가 무색하리만큼 그들은 개성을 발휘하며 정열로 인생을 뜨겁게, 멋지게 사는 현역들로 자기 일에 생명을 완전 연소시키고 있었다.

우연히 돌린 TV에서 3살 때 아버지에게 버려져서 5살 어린 나이에 험한 세상을 혼자 힘으로 살아온 22살의 불우한 청년이 노래하고 있었다. 세파에 부딪힌 얼굴과는 달리 맑고 귀여운 얼굴로 〈넬라 판타지아〉를 열창한 청년의 노래가 심사위원들은 물론 관객 모두에게 기립박수를 받는 등 감동의 눈물바다를 만들었다. 나 역시 대책 없이 흐르는 눈물을 닦아내며 그 청년의 말에 귀를 기울였다. 그는 음악이 좋아서 노동할 때도 쉬지 않고 노래 연습을 혼자서 했다고 했다. 노래할 때만큼은 자기가 아닌 다른 사람이 된 것 같은 기쁨이 있었다고 했다.

작가나 화가, 배우 또 그 청년, 그들의 공통점은 멈추면 녹이 슬어 빛을 잃는다는 것을 온몸으로 보여준 사례다.

개인의 능력과 생활환경에 따라 달라질 수밖에 없지만, 나는 부끄럽고 가슴이 켕겼다. 죽도 밥도 아닌 글을 쓰면서도 뼈를 깎는 노력은 고사하고, 이래서 저래서 못쓰고 멈추는 핑계를 앞세웠으니 녹이 슨 영감의 내 글들이 독자들 눈에 차지 않는 졸작일 수밖에. 작가라는 이름을 모독한 나태였다.

누군가 말하지 않았는가, 문학은 재미로 하는 것이 아니라 구도하듯이 해야 한다고. 이제는 육체의 고통 속에서도 분발해야 할 것 같다. 멈추지 않고 녹슬지 않겠다는 각오로 창작 활동을 한다면 짧은 인생이나 보다 크게 영속적이 될 것이며 빛나는 생을 창조하는 원동력이며 훗날에 기념비가 될 것이다.

요즘같이 가급적 편하게 유쾌하게 살고 싶은 사람이 많은 세상에 무엇 때문에 피나는 각고의 길을 가고 있는 것일까? 그것은 고통의 과정이 있었기에 고통 속에서 발아되는 그들만이 아는 창작의 기쁨, 가슴으로 오는 기쁨 때문일 것이고 잠자는 영혼들을 흔들어 주는 따사로운 입김이 되어주는 그 기쁨이 가장 강하게 오래도록 빛이 되어 지속되는 것이기 때문일 것이다.

고통의 순간들

여름이 끝날 무렵 나는 탈이 났다. 좀체 자리보고 누울 만큼 앓는 일이 없어 병으로 인한 고통을 실감하지 못한 채 지내 왔는데 병이 손님처럼 찾아온 것이다.

그저 가벼운 감기거니 하고 대수롭지 않게 여겼는데 시간이 지날수록 아픔의 강도는 심해졌고 계속되는 기침의 고통은 절정에 달해 기침할 때마다 숨이 꼴딱 넘어가는 것처럼 괴로웠다. 병원엘 왜 안 가느냐는 식구들의 성화도 성화였지만, 신체의 리듬이 균형과 조화를 이루지 못하고 무언가 크게 어긋나는 심각한 조짐을 느끼고서야 병원을 찾았다.

의사는 저항력이 떨어지는 나이니 무리하지 말고 철저한 휴식이 필요하다는 당부를 하며 약을 처방해 주었다. 병원을 다녀온 후, 시간에 맞춰 약을 챙겨 먹고 그 약기운에 취해 잠자고, 꿈도

꾸며, 하는 일 없이 자리보전하는 환자노릇을 했다.

조용한 동네인데다 오전 중에는 이웃집들이 비어 있어서 더욱 적막하다. 한 세상이 나로부터 떨어져 나가서 아득한 곳을 향해 돌아선 듯한 느낌과 외로움이 바늘처럼 날카롭게 명치끝을 파고들었다. 태양은 밝고 창으로 흘러드는 햇빛과 햇빛 속에 떠도는 먼지를 바라보며 세상사를 잊고 가족과도 나누어 가질 수 없는 고통을 겪으며 하루하루를 보냈다.

사람들의 꽉 짜인 일정표에는 '앓기의 항목'은 들어 있지 않다. 누구나 평생 앓는 일이 없는 사람은 없겠지만, 인생의 시간은 일과 놀이, 휴식으로 나눌 뿐, 병의 몫은 계산되어 있지 않기 때문이다. 병은 항상 예기치 않는 어떤 것이고, 난처한 궤도이탈이기도 한 것이다.

두서없이 떠오르고 사라지는 사념들 속에 푸른 하늘 저 멀리서 과거가 날갯짓을 하며 내게로 온다. 시간은 모든 것을 잊게 한다고 했다. 그러나 시간이 가고 세월이 흘러갔어도 그 시간과 세월과는 관계없이 잊혀지지 않는 일도 있다. 남편이 병원의 한 침대 위에 누워 있던 모습도 결코 잊지 못할 일이다. 그것은 나의 모든 기억 중에서 가장 비통하고 지워질 수 없는 한 영상이다.

온 하루가 고통 중에 흐르고 그 고통은 다음날로 이어지며 한 달이 넘는 날들을 몸의 고통에 사로잡혀 수난을 겪어내는 동안

차츰 기침이 멈춰지고, 창을 든 사냥꾼처럼 내 온몸을 들쑤셔대던 아픔들은 어디로 스며들고 버려졌는지 견딜만해졌고 건강이 회복되어 갔다. 시간이 나를 치유한 것이다. 치유의 효능이 있었던 것은 나를 아끼는 사람들의 사랑과 기도의 덕이었을 것이다.

인생길을 오르며 산다는 것은 예고 없이 닥치는 고난과 시련에 대결하며 그 고통들을 겪어내는 일이다. 삶 속에서 만나는 천둥이나 벼락, 유혹 혹은 상처, 슬픔과 역경, 이 모두를 겪어낼 때 우리는 성숙하고 겸손한 새 사람으로 태어난다. 어찌 병에서 오는 고통뿐이겠는가? 공평한 배급처럼 생명이 있는 자에게는 다양한 모습의 마음 아픈 고통들이 사전 통보 없이 찾아오기에 앞으로 지고 가야 할 삶의 고통은 끝이 없을 것이다. 그러나 인간은 어떠한 고통의 순간에도 자신을 포기하지 않는 본능을 지닌 존재가 아닌가. 세월에 묻어온 용기와 지혜가 그 고통을 겪어내는 일을 인도해 줄 것이며 겪어냈던 고통의 크기만큼 생의 진주는 반짝이게 될 것이다.

새 길의 출발선에 서서

새해다. 새로운 출발은 삶의 또 다른 시작을 뜻한다. 2013년이란 열차로 갈아탄 나는 새 열차의 승객이 되었다. 미지의 길을 떠나는 자의 설렘도 두려움도 안고 있으나 건강한 몸으로 새 열차에 탑승하게 된 것만이 감사할 뿐이다.

우리들의 모든 삶은 길 위에서 존재한다. 길을 따라가며 길 위에서 인생의 쓴맛 단맛을 맛보지만, 그 길은 미래로 가는 통로이기에 희망을 품게 한다. 생명 있는 모든 것들이 자신 속에 씨앗을 품고 있듯이 우리는 살아있는 동안 새로이 시작할 수 있는 힘과 의무를 지니고 있다. 살아있다는 것은 언제든지 다시 시작할 수 있다는 용기와 가능성 때문에 귀한 것이다.

지난해는 순탄하지 않은 시련의 길이기도 했다. 즐겁고 행복한 시절도 있었지만 고통스럽고 외롭고 두려운 시간도 경험했다. 그러나 다음 시간에 대한 기대가 있으면 고달픔도 잊을 수 있기에 더욱 희망은 미래로 향한 소망의 하늘빛이다.

새해의 의미는 무엇을 새로 시작할 수 있다는 데 있다. 우리가 의미를 부여하지 않으면 의미있는 것은 없고 새로워지려는 마음이 없으면 새로움이란 없을 것이기에 삶에 새로운 의미가 담겨져야 할 것 같다. 삶은 새로운 것을 받아들일 때에만 달라지며 발전하는 것이 아니겠는가.

지금까지 나는 여러 사람이 함께 찍은 사진을 볼 때 사진의 인물 중에서 제일 먼저 찾아보는 사람이 내 자신이었다. 내 모습이 예쁘고 멋지게 나왔으면 만족해했고 밉게 찍혀 있으면 기분이 나빠지며 사진사의 솜씨를 못마땅해 했다. 아무리 가까운 가족이나 절친이라도 그들의 모습에 먼저 시선을 주지 않았다. 내 모습을 본 후에야 다른 사람의 모습을 보았다. 다른 사람의 사진이 예쁘게 잘 나왔어도 내 모습이 잘 나오지 않은 사진은 잘 찍은 사진이라고 생각지 않고, 다른 사람의 사진이 밉게 나왔어도 내 모습만 잘 나왔으면 좋아했다. 사진 보기만큼 억제될 수 없는 사람의 이기심을 적나라하게 잘 드러내는 것도 없다.

새로운 출발을 하려면 생각이 달라져야 한다. 해가 바뀔 때마다 거창한 계획을 세워놓고 번번이 의지박약과 용두사미의 자신을 나무라며 후회와 반성을 하는 것보다 내가 실현하고 싶은 소망을 품고 기도할 때, 신이 처리해 주신다는 말이 있다.

올해는 우선 사진 보는 습관부터 바꿔야 하겠다. 사진을 볼 때 나보다 남을 먼저 찾아보며 다른 사람의 사진이 잘 나온 것을 보면 '멋지다, 정말 근사해.' 기뻐하며 사진사의 솜씨가 일품이라고 칭찬하는 너그러운 마음, 이타심을 가지고 세상을 보는 지혜로 한 해를 살고 싶다.

새로운 시작에 대한 열망, 변화에의 열망이 없다면 매일 매일 모든 일과 관계는 똑같이 되풀이되는 지루한 일상의 궤적에 지나지 않게 될 것이다. 비록 작은 일이지만 하루하루 이타심에 실현이 쌓이고 쌓이면 따뜻한 마음씨로 남을 위해 쌓아올리는 덕행도 시간과 공간을 넘어 나를 새롭게 보이게 하는 무형의 재탄생이 될 것이다. 새 길을 떠나며, 출발선에 서서 내 마음이 이기심에서 이타심으로 돌려지는 소망을 품고 태양처럼 밝고, 뜨겁고, 활기차게 달려가려 한다.

작은 기쁨

한 독자의 글을 읽다가 내 눈을 멈추게 하는 구절이 있었다.

"나는 버스도 기차도 서지 않는 외딴 시골, 작은 마을에 살고 있는 40대 주부입니다…."

나는 그 글을 읽으며 이상한 감동을 느꼈다.

대중교통의 혜택도 없는 외딴 시골의 쓸쓸한 정경이 천연색 그림처럼 떠오르며 욕심 없이 사는 젊은 주부의 생활은 가난하지만 그녀의 마음에는 항상 들꽃 한 송이가 피어있는 것 같았다.

그 글은 시골의 정취와 소박한 기쁨을 안고 자연 속에 있는 새, 나무, 꽃, 곤충들과 함께 살아가는 한 주부의 전원생활의 일상, 사소하고 소소한 이야기들을 재미있게 가득 담아 엮은 글이었다.

전원생활은 확실히 시적이다. 또 그림 같기도 하다. 그래서 많은 사람들이 전원생활을 시로 쓰고 그림을 그린다.

봄이면 봄나물을 뜯어다 밥상을 차리고 여름이면 우물에 가지나 오이를 담가 두었다가 시원한 반찬을 만들어 가족들에게 행복을 주는 알뜰하고 바지런한 농촌 주부다.

도시의 대형 슈퍼마켓의 문화적 편리함도 알 길이 없고 바겐세일의 유혹도 모른다. 자신이 처해 있는 현실의 향토와 자연을 그대로 사랑하면서 남들이 버린 것을 거둬들이고 불편한 것을 오히려 정들여 사랑하고 길들이며 큰 것보다 작은 것을, 비싼 것보다 값없는 것을 아끼며 손수 가꾼 것으로 가족의 식사를 마련한다. 유유자적 살아가는 한 여인의 삶이 마치 진흙 속의 연꽃처럼 향기롭게 느껴졌다.

우주선을 타고 달나라에 간다고 해서 인간의 생활이 얼마나 더 행복해졌을까? 냉난방이 완비된 대형 실내, 슈퍼마켓에서 흙 하나 없이 잘 다듬어진 채소를 사고, 갖가지 영양가 높다는 인스턴트식품으로 식생활은 개선되어 생활이 편리해지고, 인간수명이 100세의 고령으로 연장되어 가지만 정신적 행복에 플러스가 되었다고는 생각되지 않는다. 생활의 행복이란 것은 화려하게 사는 데만 있는 것이 아니기 때문이다.

그 옛날 모두가 어려웠던 시절에는 명절 때나 생일날에야 고기 맛을 보았던 것이 고작이었고 단벌 신사로 사계절을 나던 궁핍 속에서도 우리는 날마다 가슴이 부풀고, 희망은 장밋빛 무지개였다. 그러나 지금은 어떤가? 죽을 때까지 입어도 못다 입을 옷들을 옷장 속에 가득 가득 걸어 놓고도 외출 시마다 입고 나갈 옷이 마땅치 않아 짜증이 나고, 사철 풍성한 과일을 보면서도 가슴 설레지 않는다. 결국 행복이란 외적인 편리함이나 풍요만으로 결정되는 것이 아닌 것이다.

돈이나 보석을 쌓아두는 행복도 있겠으나 자연 속에서 자유인으로 살면서 마음에 꽃 한 송이를 피우며 사는 사람이 진정 행복한 사람이 아니겠는가.

부러운 사람은 마음의 부자로 자연과 전원을 생활 터전으로 하고 잡초를 사랑하며 욕심 없이 사는 선한 사람이다. 욕심을 내려놓고 살기에 누구를 해치지도 않고, 시기나 질투, 증오도 하지 않으며 서로 정을 나누며 돕고 이해하며 산다.

물론 전원생활이 시나 그림에서 바라보듯 그렇게 아름답고 멋이 있는 것만은 아니다. 전원생활은 한없이 고되고 힘이 드는 일이나 자신이 선택한 삶이기에 언제나 자유롭고 마음 편해 정신건강에도 좋은 것이다. 건강한 몸으로 열심히 일한 후, 힘들고 어려운 일이 끝났을 때 찾아오는 여유는 가장 작은 행복감이고 기쁨일 것이다.

찬바람 속에 빈손으로 서 있는 나무들, 모든 것을 버리고 나목으로 서 있기에 아름다운 것은 아닐까. 내 그릇에 넘치는 작고

조출한 기쁨의 실체들에 만족하며 살아가는 적막하고 외딴 시골의 젊은 주부의 삶과 겨울나무들의 모습은 무언의 가르침으로 다가온다.

무엇을 더 채울까, 무엇을 더 내세울까, 욕심을 움켜쥐고 큰 것에 연연하는 모습이 작지만 소중한 기쁨을 잃고 사는 오늘의 나는 아닌지 뒤돌아본다.

광화문의 글판

12월은 한국문단에 경사가 많은 달이다. 올해도 나는 축하객으로 문단 경사에 참석하기 위해 한국행 여객기에 올랐다.

자연을 사랑하는 문학의 집 서울, 서울에서 문학행사들이 줄줄이 열렸다. 한 해 동안 발표된 수작들을 선정해 작가에게 상을 수여하는 잔치와 같은 자리였다. 원로에서 신인에 이르기까지 200여 명이 참석한 행사장에는 문학인들의 기개와 자부심이 넘쳤다. 문학의 위대함 속에서 그 빛나는 이름들이 독자들을 열광시키며 대한민국의 정신을 떠받치고 있음을 확인하는 순수하고 따뜻한 자리였고, 우리 시대의 문학인들을 만나면서 그들과 같은 시대를 살고 있는 것에 새삼 감사했다.

한 해의 마지막 달에 광화문, 시청 앞, 남대문, 명동, 인사동 거리를 즐겨 활보했다. 이 거리들을 내가 구석구석 잘 안다는 이유도 있지만, 연분홍 치마가 휘날리던 푸른 20대, 내 청춘의 봄날들이 거리거리에 스며있기에 그리움을 찾아내고 싶어서이기도 했다.

광화문 거리는 이름난 거리다. 세종대왕 동상이 있고 세종문화회관, 교보문고, 정부청사, 미대사관 등이 모여 있는 거리다. 원래 이순신 장군의 동상도 있었는데 보수를 위해 다른 곳으로 옮겨졌다고 한다.

내로라하는 문인들, 예술인들 치고 세종문화회관을 들락날락하지 않는 사람은 없다, 세종문화회관 지하 커피숍은 서울 멋쟁이들이 모여 담소하는 예술계의 사랑방 노릇을 하고 있다.

"눈송이처럼 날아 너에게 가고 싶다. 머뭇거리지 말고 서성대지 말고"라는 글귀를 떠올리며 함박눈이 쏟아지는 날 광화문 거리로 나갔다. 그날도 교보문고 외벽에는 변함없이 글판이 내걸려 있었는데, 이름하여 광화문 글판이다. 1991년에 광화문 글판을 시작했다니 어언 20년 세월이 훌쩍 넘었다. 한눈에 들어온 그 글판에는 "살얼음 속에서도 사랑으로 손을 잡으면 숨결은 뜨겁다." 라고 적혀 있었다.

어떠한 처지에서든 끝끝내 끌어안고 사랑해야 함을 일깨워 주는 글귀였다. 어느 해는 정현종 시인의 방문객의 글귀가 걸려 있음을 보았다. "한 사람이 온다는 건/ 실은 어마어마한 일이다/

한 사람의 인생이 오기 때문이다."

사람값이 추락하고 점점 더 하찮게 여겨지는 이 시대를 향해 결코 그럴 수 없고 그래서도 안 된다는 것을 잔잔하지만 호소력 있게 웅변한 글귀였다. 또 일본의 99세 된 할머니 시인 시바다 도요의 글도 있었다. "있잖아, 힘들다고 한숨 쉬지 마/ 햇살과 바람은 한쪽 편만 들지 않아"였다. 세상이 힘들어도 언젠가는 내 편이 되어줄 바람도 있고 햇살도 있으니 기대와 희망을 결코 버리지 말라는 얘기다.

또 이런 글귀도 있었다. "버려야 할 것이 무엇인지 아는 순간부터/ 나무는 가장 아름답게 불탄다." "지금 네 곁에 있는 사람/ 네가 자주 가는 곳/ 네가 읽는 책들이 너를 말해준다."

외면하고 무심했던 것들에 눈길을 주며 스스로를 성찰해야 한다는 뜻이 아니겠는가.

내 안에 희망을 깨우며 다시 도전케 하고 고달픈 세상살이에 위로 받게 하는 광화문 글판의 문구들은 구절구절마다 내 가슴을 때리며 평생 삭제해서는 안 될 마음의 글판으로 진하게 새기게 했던 겨울 나들이였다.

나이를 세지 말자

나이가 들수록 시간의 속도를 체감한다. 40세가 되면 40마일로 달리고, 60세가 되면 60마일로 지나간다는 말이 실감나게 느껴진다. 시간을 실은 세월이란 열차는 막을 재간이 없이 자꾸만 달려만 가고 있다. 그러나 시간은 산 사람에게만 주어진 귀중한 선물이요, 시간 속에 있다는 그 자체가 생명을 의미하는 것이기에 큰 축복이 아닐 수 없다.

동갑내기 친구가 그런다. 한 살 먹으면 한 살 만큼 젊어질 수 없을까? 예를 들어 70세 나이면 한 살 더 먹었을 때 69세 되는 식, 즉 시간이 거꾸로 흐른다면 점점 젊어져서 다시 한 번 인생의 멋진 꿈을 꿀 수 있어 좋을 텐데라는 것이다. 친구의 얘기를 들으며 작가 스캇 피츠제럴드의 소설 〈벤자민 버튼의 이상한 케이스〉가 생각났다. 바로 이 소설이 시간을 거꾸로 돌리는 경우 사람이 어떻게 변하는가를 묘사한 내용이다. 이 소설의 요점은 결국 가족의 비극적 결말이다.

나이를 먹어 갈수록 시간의 가치에 대해 생각하게 되는 것도 사실이다. 지나온 날보다 앞으로의 날이 적어져 가는 데서 시간의 허비나 낭비가 있어서는 안 될 결연한 자각 같은 것이 고개를 든다.

나이에는 육체적 나이와 정신적인 나이가 있다. 젊은데도 늙은이처럼 행동하는 사람이 있고 늙었는데도 젊은 사람 못지않게 싱싱해 보이는 사람도 있다. 이런 현상은 사고방식의 차이에서 오는 것이 아닌가 싶다. 결국 사람이 늙는다는 것은 얼마나 늙어 보이느냐가 아니다. 얼마나 늙은이처럼 행동하느냐에 달려 있는 것이다.

내 경우는 늙는다는 것도 쉬운 일은 아니다. 우아하게 늙고 싶지만 우아하게 늙는다는 것이 그렇게 쉬운 일이던가. 육체의 나이는 70고개에 있으나, 내 정신적인 나이는 아직도 철이 덜난 미숙아 같아서 '우아' 하고는 거리가 좀 있다. 그래도 나는 지금 내 이 나이가 참으로 좋다. 나 편한 대로 헐렁하고 가볍게 또 자유롭게 살 수 있어 좋고, 자녀에 대한 경제적인 책임이 없으므로 하기 싫은 일은 안 해도 되니 마음에 평화가 있어 좋다. 사소한 일에도 감동하며 감사하게 되는 것, 또 눈물이 흔해진 것도 좋다. 시간이

지나면 발효되는 음식처럼 사랑과 우정이 발효된 주변의 좋은 사람들이 있는 것도 좋고, 문학에 대한 관심과 사랑이 내 생활에서 중요한 부분인 것도 좋고. 외로움이 내 문학의 탯줄이 된 것도 좋다. 볼꼴 못 볼꼴 충분히 보았기에 하고 싶은 말들을 글로써 기념문집을 출판하게 된 노년의 축복에도 감사한다.

시간을 충실하게 만드는 것이 행복이라는 말이 있다. 시간은 기다려 주지 않으며 쉼 없이 흘러가 버린다. 물처럼 흘러가 버리는 시간을 놓치지 않고 포착하여 선용할 때 비로소 그 시간은 살아 있는 내 것이 되어준다. 아침 일찍 레스토랑에 가보면 주문받고, 음식 서빙하고 계산하는 일을 척척해내는 사람은 대부분 65세를 넘어 보이는 할머니들이다.

그렇다. 나이가 많다고 삶이 끝난 게 아니다. 그녀들은 여전히 젊은 사람 못지않게 일할 수 있다는 모습을 그들의 노년의 삶 속에서 보여주고 있다.

인생 100세를 향해 빠르게 나아가고 있다. 이제 더 이상 미래의 주인공은 젊은이만이 아니다. 나이가 70세든 80세든 오늘을 힘차게 살고 있는 사람들이면 모두 미래의 주역들이다.

그러니 더 이상 나이를 세며 노을 같은 인생이라며 슬퍼하지 말고 새 꿈을 꾸자. 어차피 나이는 숫자에 불과할 뿐이지 않은가.

생명의 신비

달빛이 고인 마당에 바람소리 요란하던 밤, 전화벨이 울렸다. 전화를 받자마자 A선생의 목소리를 금세 알아들을 수 있었다. 그녀는 투병 중이신 B선생이 병세가 악화되어 수명 연장이 어려울 것 같다는 의사의 진단 결과가 나왔다며 "하늘나라로 편히 가실 수 있도록 기도해 달라."는 부탁을 했다.

B선생의 병세가 하루하루 깊어진다는 것을 멀리서도 느끼고 있었는데 복숭아꽃, 살구꽃이 하룻밤 사나운 비바람에 무너져 내리듯 허망한 소식이었다.

평소에 알던 사람들이 세상을 뜨는 소식이 그다지 낯설지 않게 느껴지는 이 나이에도 작가들의 부음이나 투병소식은 유난히 마음을 적시며 스산하게 다가오는 까닭은 세월을 대면하면서 발생하는 일상적 사연들이 그 자체로 문학적 서사임을 보여주며 삶의 갈피를 잡아 주던 작가들이 우리 곁을 떠났거나, 떠날 차비를 한다는 상실감 때문이다.

활발한 창작 활동으로 문단의 한 축을 이룬 B선생은 여류 문인이다. 그녀는 순수하고 따뜻한 성품으로 정이 많아 독자들의 친구였다. 수수한 모습이 그랬고, 외로운 생애가 그랬고, 비수를 감춘 단단한 문장이 그랬다. 투명 중이면서도 혼신을 다해 책을 펴내서 다른 사람들에게 메시지를 전달하시니 참으로 치열한 문학 정신을 가지고 온 몸을 불태우신 선생이 아닌가. 선생의 책을 읽으며 새삼스럽게 느껴지는 것들이 있다. 좋은 글을 쓰는 작가는 남들에 의해 그 이름이 불리어지고 그 작품을 통해 작가의 이름이 영원히 기억될 것이라는 것을.

몇 해 전, B선생과 같이 여행한 일을 나의 행운으로 여기고 있다. 호텔 방에서 편한 모습으로 마주앉아 인생과 문학을, 진실어린 사랑의 속내 이야기 하며 웃고 떠들었다. 그때가 지금껏 내겐 향기로운 그리움으로 남아 있고 이 시대를 B선생과 문학의 길에 동행했다는 사실만으로도 충분히 행복하다.

돈만 있으면 못할 것이 없다는 오늘날에도 할 수 없는' 단 한 가지가 목숨이다. 머물고 싶을 때 머물 수 없는 생명, 인간에게 있어 생명은 단 한 번밖에 가질 수 없는 일회성이다. 나는 아침마다 제 시간에 잠이 깨지는 생명의 신비로움에 경이를 느낀다. 깨어나지 않으면 그대로 잠들어 버릴 수 있고 모든 것은 나에게서 끝나버릴 수도 있기 때문이다.

건강하게 오래 일하며 사는 것이 인류의 소망이기에 많은 의학자, 과학자, 철학자들이 거기에 대한 비방을 줄줄이 내놓고 있지만 목숨만은 하늘의 뜻이 아닌가. 사전에서 불가능이라는 단어를 빼버리라고 자신만만한 삶을 살던 나폴레옹도 자신의 목숨만은 연장하지 못한 채 외로운 섬, 세인트헬레나에서 생을 마감했다. 이토록 돈으로도 권력이나 의지력으로도 늘릴 수도, 줄일 수도 없는 것이 생명이다. 그러나 사람의 힘이 미치지 못하는 존엄한 생명도 신의 은총을 입으면 소생의 기적이 일어난다. 기도하기 전까지는 할 수 없었던 일들이 기도함으로 하여 얼마나 많은 질병의 아픔이 치유되며 새 생명의 꽃을 피운 기적에 대해 우리는 알고 있다.

육신의 아픔과 고통을 경험했거나 겪고 있을 때, 사람들은 절실한 심정으로 인생관이 바뀌기도 하고 세상 보는 눈이 달라진다. 전에는 안 보이던 것이 눈에 들어오며 마음에 눈이 떠져 개안 수술을 받은 것처럼 된다. 그러나 아무리 밝은 태양도 그 따스함을 느끼지 못하면 보이지 않는다.

플라톤은 "남을 행복하게 할 수 있는 자만이 또한 행복을 얻을 수 있다."고 밝혔다. 남을 돕고 베푸는 일은 결국 내가 건강하고 행복해지는 일이기에 생명이 있는 순간까지 사랑하며 감사하는 일, 다른 사람에게 따스한 말, 위로의 말, 힘이 되는 말, 따뜻한 손을 내밀 때 평화의 세상을 만나게 됨을 우리는 명심해야할 것 같다.

다시 돌아온 생명의 봄날은 우리에게 소망을 준다. 아픈 사람들, 절망하며 좌절하는 사람들에게 봄바람은 은혜롭다. 내일을 아는 사람은 아무도 없다. 인간은 절실하면 강해진다. 병상에 계신 B선생을 향한 절실한 기도를 멈추지 않을 때 생명의 맥박과 힘찬 박동소리를 느끼는 기적이 일어날 것이다. 기도는 일어날 수 없는 일들을 일어나게 만드는 힘이기 때문이다.

존경받는 부자

<18년 동안 커피 한 잔 안 사신 장로님>이란 제목의 글이 신문에 기고된 것을 보았다. 제목이 흥미롭고, 뭔지 납득이 안 가서 기사 내용을 읽어 내려갔다.

재산이 100억 원대에 이르는 재력가, 10만 불이 넘는 고급승용차를 타는 장로인데, 18년 동안 교회 출석하시면서 교인들에게는 물론 담임목사에게조차 커피 한 잔을 대접하지 않은 사랑에 눈먼 장로가 아닌 돈에 눈이 먼 부자장로의 이야기였다. 돈이 뭐길래, 저절로 탄식이 나왔다.

<부자들의 심리>란 주제의 강의를 들은 적이 있다. 6종류의 부자심리가 있다고 했다. 배고픈 부자, 철없는 부자, 품격 있는 부자, 보헤미안 부자, 존경받는 부자, 나쁜 부자 등이다.

배고픈 부자는 오직 자손들을 잘 살게 하기 위해 돈을 벌고, 모으

며 챙기는 재미, 숫자에 만족하며 자녀들에게 물려준다는 생각뿐이어서 돈 자체를 삶의 목적으로 삼는 심리라고 한다. 정작 자신을 위해서는 가격이 저렴한 자장면이나 설렁탕으로 끼니를 때우고 양식 같은 고급음식은 즐길 줄 모르는 게 배고픈 부자 심리라고 한다.

철없는 부자는 부모가 번 돈, 펑펑 쓰며 떵떵거리고 살면서 남보다 앞서간다는 자부심을 가지고 자신의 욕망만을 만족시키며 사는 이기주의만 발달된 심리라고 한다.

품격 있는 부자들은 돈이 있기에 품격을 갖추어야 한다는 심리를 가진 부자들이다. 이들은 돈을 잘 관리하며 갤러리를 운영하거나 미술작품들을 수집하고 빌딩을 매입해 소유한다. 뜻이 있는 곳에 기부를 해야겠다고 입버릇처럼 말은 하나 실행은 하지 않는 심리란다.

보헤미안 부자는 자신이 돈을 벌기도 했고, 부모에게 유산을 받은 부자들이다. 돈과 시간, 일에 열정을 쏟으며 좋아하는 사람이나 일에 돈을 쓰며 삶을 즐기는 자유로운 부자 심리다.

존경받는 부자는 그야말로 돈 잘 쓰는 부자다. 의미 있는 일을 하면서 행복을 느낀다. 나도 행복하고 우리 모두 함께 행복해야 한다는 심리이다.

나쁜 부자는 돈을 지키고 불려야 한다는 생각뿐, 돈에 취해 돈 앞에서는 부모 형제도 없고 의리도 체면도 없는 심리라고 한다.

부자가 행복해지는 것은 남이 자기를 부러워 할 때다. 부자들은 거금이 있어도 부족함을 느끼는 체질적 결핍을 병으로 지니고 있다. 인간의 삶에서 중요한 것은 어떤 가치관을 갖고 사느냐인데, 소유하는 것에만 가치관을 두다 보면 많이 가질수록 돈의 노예가 되기 마련이다. 부자가 되는 것이 행복이 아니다. 돈더미에 올라서도 불행이 따를 수 있다.

돈은 내가 모았지만, 그 돈은 나의 것이 아니라는 생각은 얼마나 아름다운가, 존경받는 부자가 많은 사회는 멋있는 사회다. 무능하고 상식이 결핍된 자식에게 돈을 많이 남긴다는 것은 얼마나 위험한 일인가, 이들이 재물의 노예가 되면 효도 정신도 날아가 버리고 끊임없는 형제난이 일어난다.

백억 대의 재산을 소유하고도 차 한 잔 나눌 줄 모르는 부자보다도 한 끼를 굶고도 두 끼를 굶은 사람에게 자기 밥을 덜어줄 수 있는 사람이 진정한 부자다. 진정으로 가치 있고 보람있는 삶은 존경받는 부자로서 행복을 누리는 삶일 것이다.

존경받는 부자란 어떤 사람을 말하겠는가? 넓은 가슴을 가졌던 경주 최부자네처럼 남에게 나누고 베푸는 덕행을 솔선수범함으로써 이 시대의 어둠을 밝히는 등불 같은 사람이 존경받는 부자일 것이다.

눈물

사람의 마음에서 안 떨어지고 있는 것이 아쉬움과 미련이다. 때때로 그런 것들로 인해 심정적으로 힘든 시간을 보낼 때, 나는 그리움을 남기고 떠난 남편의 묘소가 있는 그린 힐 공원을 찾곤 한다. 그날도 오후에, 무덤 잔디에 앉아 내 삶과 연관되어 있지 않은 공간, 천상의 꽃밭에 있을 남편에게 안부와 가족들의 근황을 전하고 누구에게도 털어 놓고 말할 수 없어 내 심중에만 담고 있던 이야기들을 무언으로 나누고 있었다.

성묘객이 없는 묘원은 바람만이 가득할 뿐, 침묵 속에 적막하기 그지없었다. 그 고요를 깨고 어디선가 애통하는 울음소리가 들렸다. 주변을 돌아보니 웬 중년의 남자가 어느 무덤 앞에 꿇어앉아 엉엉 소리 내며 눈물을 뜨겁게 뜨겁게 쏟아내고 있는 게 아닌가. 울음소리가 허공으로 퍼지고 있었는데 부모님의 무덤인가, 아니면 아내의 무덤인가, 어쩌면 사랑하는 아내의 무덤인지 모른다는 생각이 들었다.

평소에는 남자의 우는 모습을 별로 본 적이 없었기에 시선을 떼지 못하고 바라보는 동안 내 가슴에도 슬픔이 차오르며 절로 눈물이 났다. 온 몸으로 우는 남자의 아픔을 내 아픔으로 받아들이는 눈물이었으리라, 석양을 등지고 우는 남자의 아픔을 저녁노을이 지니고 있는 여유와 아름다움으로 품어주고 안아 주고 삭혀 주기를 염원했다.

활화산처럼 가슴 밑바닥에서부터 솟구치는 그 뜨거운 감정의 폭발, 참을래야 참을 수 없고 억누를래야 억누를 수 없는 그 울음의 폭발은 누구에게도 쏟아내지 못하면 한으로 남을 것이다.

살아가면서 정말 필요한 것은 웃는 것 못지않게 우는 일이다. 특히, 남자들은 울 곳을 못 찾아 자기 안에 눈물을 감추고 숨겨 놓지만 언젠가는 그 어디에선가는 쏟아내야 살 수 있을 것이다. 누구나 예외 없이 자기 안에는 혹독한 더위에도 녹지 않을 만큼 가슴 깊숙이 얼음처럼 박혀 있는 아픔들이 있다. 그 아픔을 떨쳐내지 못한 채 숨겨온 삶의 찌꺼기 같은 눈물이 숨어 있는 것이다. 가끔은 그것을 쏟아내야 하는데 쏟아낼 만한 곳도, 쏟아낼 만한 시간도 없다. 아니 쏟아내기 시작하면 걷잡을 수 없을 것 같아 두렵기까지 한 것이리라. 그러나 쏟아내야 한다. 참다 참다 펑펑 쏟아내는 눈물, 그 눈물이 있어야 제대로 살 수 있을 것이다.

눈물은 감정의 발산이며 흠도 티도 없이 깨끗한 순수 결정체이다. 악독한 살인자일지라도 그가 참회의 뜨거운 눈물을 흘릴 때만은 순수해진다. 보고 싶었던 사람을 만나면 반가워서 눈물이 나고, 아파 누웠던 사람이 일어나면 좋아서 눈물이 난다, 가진 자가 없는 자를 돕는 것을 보면 고마워서 눈물이 나고, 가진 사람이 더 가지려고 욕심을 내는 걸 보면 슬퍼서 눈물이 난다. 사는 것이 절박할 때도 눈물이 나고 억울하고 속상할 때도 눈물이 난다. 자책과 죄스러움에도 눈물이 나고 하모니가 아름다운 음악을 들으면 감동해서 눈물이 난다. 세상을 버리신 부모님께 행한 불효가 가슴을 치게 하며 회한의 눈물을 흘리게도 한다. 갓난아이도 요구사항이 있을 땐 소리내어 운다.

이처럼 눈물은 인간이 가지고 있는 확실한 감정의 증표 중 하나이다. 언어로 표명될 수 없는 내면의 함성, 그것이 눈물이 가지고 있는 핵심적인 의미다.

모든 것을 씻어주고 정하게 해주는 눈물은 우리 생활의 청량제이며 가장 값진 것이기에 눈물 한 방울 아끼는 사람보다 눈물이 헤픈 사람이 더 정스럽게 느껴진다. 눈물은 인간을 아름답게 하는 진실의 상징이기 때문이다.

아름답고 슬픈 뒷모습

사람의 한 평생은 오르고 내리는 여러 개의 곡선으로 이루어진다. 열정적으로 일하며 성공의 길로 치닫는 상승의 선이 있는가 하면 의기소침한 하강의 선도 있다. 그런데 이 두 개의 곡선에는 수많은 고비와 마디가 있다. 작은 것도 있고 큰 것도 있다. 고비마다 마디마다 현명한 처신이 요구되고 어떻게 대처해야 할 것인가는 본인 자신의 숙제이며, 그 숙제의 결과는 아름다운 것과 그렇지 못한 것에 대한 기준을 설정하게 한다.

얼마 전 가수 패티 김의 은퇴발표 기자회견을 뉴스로 보았다. 은퇴를 결심하게 된 동기를 묻는 기자에게 그녀는 아름다운 노을처럼 자신의 뒷모습을 아름답게 남기고 싶어서라고 말했다. 나는 그녀의 이야기를 듣고 형언할 수 없는 감동에 빠졌다. 참으로 큰 그릇이구나 싶었다. 나이는 사랑과도 비슷하다. 무엇으로도 덮어 감출 수가 없다. 또한 덮어 감출 필요도 없다. 차라리 나이에 맞게 지혜를 갖추는 것이 삶의 기술일 것이다.

나는 패티 김이란 가수를 한 번도 실제로 본 적은 없으나 그녀의 노래가 좋아 늘 즐겨 들으며 행복했다.

사람이 출처진퇴를 결단하는 일은 참으로 힘든 일이다. 자리를 얻기보다 더 힘든 건 그 정상의 자리에서 물러나는 일이다. 그 자리를 얻기 위해선 전심전력 노력하면 될 수도 있는 일이지만 물러난다는 것은 상황을 정확히 파악할 수 있는 현명한 판단력과 그리고 대단한 용기가 필요하기 때문이다. 명예로운 은퇴란 말이 쉽지, 어려운 결단이다. 높은 자리일수록 더욱 물러나기란 쉽지 않다. 그러기에 물러날 줄 아는 사람이 위대한 것이다.

늦게까지 눌러 앉았다가 욕되게 밀려나는 사람도 있고, 은퇴선언 후, 다시 돌아와 아무 일도 없었던 것처럼 표정 바꾸는 쇼에 지나지 않는 정치인들의 물러남들은 우리를 지치게 하지 않던가.

누군들 물러나기를 좋아하랴만, 언젠가는 물러가야할 자리라면 문제는 언제냐는 타이밍이다. 인생의 길잡이는 자기 자신이기에 누가 무슨 소리를 하던 그건 자신이 판단하고 결심할 일이다. 그러기 위해서는 자신의 컨디션을 잘 읽어야 할 것이다. 우리 주변에는 이 판단을 하지 못하는 사람들이 너무 많아 박수칠 때 떠나라는 충고의 말도 생겨난 것이 아닌가 한다.

그녀의 뒷모습은 그만의 예술적 고뇌, 삶에 대한 겸허함, 노래에 대한 집중력을 고스란히 담아내고 있다. 그래서 그의 뒷모습은 진정한 최고의 모습이 어떤 것인지를 웅변해 준다. 모든 집착을 버리고 떠나는 뒷모습이야말로 진짜 그 사람의 모습일 것이며 성숙도일 것이다.

물러나는 그녀의 뒷모습은 결코 과거만이 아닌 미래가 들어 있을 것이다. 등 굽은 아버지의 뒷모습 속에 어깨 편 자녀들의 미래가 있듯이 패티 김의 뒷모습에 젊은 음악인들의 미래가 이어질 것이다.

태양처럼 뜨거운 정열적인 그녀의 노래인생은 이제, 노을처럼 아름답게 팬들 가슴에 긴 여운을 남길 것이나 작별하는 그녀의 뒷모습이 아름다우면서도 슬프다. 인생이란 것이 흐르는 물과 같아서일까.

잘 뵈지 않더니, 보이게 한다

12월 초입, 한 해의 마지막 달, 나는 병이 났다. 독한 감기에 걸린 것이다. 중국에서 온 약초부터 감기에 좋다는 약은 모조리 복용했으나 조금도 차도는 없이 몇 날 며칠, 밤낮을 가리지 않고 가슴을 파내는 고통을 수반한 기침 때문에 일상이 내 마음대로 되지 않았고, 가족들에게 폐가 되고 있어 비극이라는 생각이 절로 든다.

병을 겪고 나면 인생관이 바뀌고 세상 보는 눈이 달라진다는 말들을 들었었는데, 앓아 누워보니 그 말에 공감이 간다. 평소에 외면하고 무심했던 것들에 눈길이 닿으며 안 보이던 것들이 눈에 들어오는 것이 아닌가.

한비야 씨가 아프리카 여행 중에 겪었던 일들을 쓴 책을 읽었던 기억이 떠오른다. 그녀가 에티오피아서 달구지를 얻어 탔다가 여행용 작은 가방을 두고 내렸는데, 그 가방 안에는 여행 중 항상 사용해야 하는 모자, 화장수, 칫솔, 정수용 약 등이 들어 있었다고 한다. 당장 장만해야 하는 것들이었지만 워낙 오지라 언제 구입할 수 있을지 기약할 수 없는 난감한 상황이었다고 한다. 그런데 며칠 지나다 보니 없으면 너무 불편할 것이라고 여겼던 물건들이 실제로는 그렇게까지 필요치 않더라는 것이다. 모자가 없었지만 면보자기를 뒤집어쓰니 햇빛 가리개로 손색이 없었으며, 칫솔을 사용하는 대신 현지인들처럼 연한 나뭇가지를 깎아 이를 문지르니 더할 수 없이 개운했다고 했다. 현지인들의 술에다 레몬을 썰어 넣으니 향기 좋고 효과까지 뛰어난 화장수가 되었다고 했고, 또 손과 물만 있으면 어차피 화장지가 따로 없어도 되는 곳이 아프리카라고 했다. 한 씨는 없으면 안 된다고 믿는 것 중에서 정말로 없어서는 안 될 것이 과연 얼마나 될까 라는 의문이 들었다고 했다. 그녀는 여행에서 돌아오자마자 대대적인 집안정리를 했다고 했다, 그랬더니 다른 사람들보다 간소하게 살았다고 생각했는데도 군더더기가 끝도 없이 나오더라는 이야기였다.

홀몸으로 지구촌을 누비는 한 씨가 이럴진대, 한 집에서 오랜 세월 뿌리를 내리고 살고 있는 나는 얼마나 많은 군더더기를 안고 살아가고 있을지는 두말할 것도 없다. 내 집 살림은 군더더기 투성이고. 집안은 잡동사니로 가득하다. 옷장을 열어보면 언제 마지막으로 입었었는지 기억조차 나지 않은 옷들로 꽉 차 있다. 그러니 절반이상은 군더더기인 셈이다. 그런데도 차마 버리지 못해 걸어두고 있는 것이다. 옷뿐만이 아니다 온갖 오래된 자료들, 편지, 카드들, 손때가 묻었다 싶으면 쌓아둔 물건들이 한두 가지가 아니다. 언제 필요할지 모른다는 막연한 미련과 소유욕, 구입한 물건들을 버려서는 안 된다는 강박관념이 작용해 집안은 물건들로 넘쳐나고 있다, 이런 물건 가운데는 내 체취와 기억이 배어 나화된 것이 많다. 그런 것들을 버리려니 내 일부를 지워내는 것 같아 망설이게 된다. 하지만 버리지 못한 것도 심하면 저장 강박증이라는 병이라고 하지 않는가. 병 수준까지는 아니라도 나는 잘 버리지는 못한다.

버리지 못하는 것이 어디 물건뿐이겠는가, 나쁜 감정이나 상처의 기억 역시 그렇다. 이런 것들을 잘 버릴 수 있어야 그 자리에 건강한 감정과 온전한 판단력이 자리 잡게 된다는 것이 정신과 전문의들의 설명이다. 마치 쓸모없는 가지를 쳐내 줘야 나무가 건강하게 자라고 실한 과일을 맺는 것과 같은 이치다.

내 삶에도 이런 가지치기가 필요하다. 잡동사니들을 미련 없이 버리고 부정적인 감정은 되도록 털어버리는 일이다. 불필요한 것들을 버리지 못한다는 것은 쌓아둔 물건만큼이나 무거운 감정의 짐을 지고 살아가는 일이다. 쓸데없는 것들을 치워 버린 공간은 일단 마음을 확 트이게 만들어 줄 것이다.

한 해의 마무리가 한창이다. 스스로를 성찰하기 좋은 때다. 병을 앓는다는 것은 내 삶에서 자신을 찬찬히 돌아보는 거울구실로 잘 뵈지 않던 것들을 보이게 하는 개안의 시간으로 갈무리하게 해준다.

이재무 시인은 〈겨울나무〉에서 이렇게 노래하지 않았는가,

> 이파리 무성할 때는/ 서로 잘 뵈지 않더니/ 하늘조차 스스로 가려/ 발밑 어둡더니/ 서리 내려 잎 지고/ 바람 매 맞으며/ 숭숭 구멍 뚫린 한 세월/ 줄기와 가지로만 견뎌보자니/ 보이는 구나/ 저 만치 멀어진 친구/ 이만큼 가까워진 이웃/ 외로워서 단단한 겨울나무

성장하는 사람들

봄 햇살이 열린 창문으로 보석처럼 쏟아져 들어오는 아침이다. 앞마당의 겨울 고목이던 나뭇가지에도 파릇파릇 새잎이 돋아나며 신선한 푸르름을 뿜어주고, 화단에는 아름다운 꽃들이 피어난다. 창밖으로 보이는 봄날의 움직임은 새삼 생명이 소생하며 자라난다는 것에 대해 신비의 경이감을 느끼게 한다. 알맞은 태양의 열기와 바람과 비. 그 모든 것들이 조화되어 식물이 싹이 트고 꽃이 피고 열매가 익어간다. 봄은 생물을 자라게 하는 성장의 계절이다.

나는 우리가 사용하는 수많은 언어 중에서 특별히 '자란다'라는 말을 참으로 좋아한다. '자란다'는 말은 죽음과 반대되는 말로 생명이 들어 있다는 말이고, 정지되지 않고 계속 활발히 활동하고 있다는 말이다. '자란다'는 말에는 기쁨이 들어 있고, 생기가 있고, 희망이 있고 또 어떤 열매를 맺게 하는 보람이 들어 있다.

지난 주 지면을 통해, 자라지 않는 어느 대학생의 병든 모습을 보면서 참으로 깊은 비애와 연민을 느끼지 않을 수 없었다. 어느 날부터 세포가 병들어 근육이 퇴화돼 성장을 멈춰 버리고, 힘을 잃은 다리는 좌우로 뒤틀려져 있고, 팔마저 마비된 채 성장이 멈추면서 서서히 죽어가는 무서운 불치의 병에 걸린 어느 청년의 기사였다.

남의 불행을 보면서 아픔을 함께 나누는 것이 세상을 사는 사람들의 따뜻한 인정이면서도, 한편 내 자식은, 또 내 혈육은 그렇지 않아 다행이라는 안도감을 갖는 것도 사람들의 솔직한 심정이다. 요즈음은 자녀가 희망했던 대학에 떨어져서 속상해하며 낙심하는 부모들, 학교에 떨어져 슬퍼하는 학생들이 많은 시즌이다. 그러나 내 자녀가 건강해서 걷고, 달리고, 또 뛰며 건강하게 자라고 있는 것을 먼저 감사한다면, 낙심하는 마음, 슬퍼하는 마음에 큰 위로가 되지 않겠는가.

사람이 사는 일, 우리들의 삶이란 무엇이냐고 묻는다면, 나는 성장하기 위해서 살고, 열매 맺기 위해서 산다고 대답하고 싶다. 갓난아기로 태어난 생명들은 많은 것을 통해 배우며, 훈련되어 어른으로 자라고, 그 어른들은 나름대로 길고 짧은 인생길에 자신들이 살아온 삶의 열매를 맺기 위해 최선의 노력을 하며 살다가

이 세상을 떠나가기 때문이다.

사람의 육체나 정신이 자라지 않고 그대로 있다면 그것은 참으로 가슴 아픈 일이다. 정신은 빛나게 성장하되 육체가 병들어 자라지 않는다면, 더할 수 없는 비극이듯이, 영혼이 성숙하지 못하고, 유아처럼 어리고 나약한 상태에 있다면 그것은 마치 애늙은이 같은 기형적인 성장일 것이다. 정신과 육체가 균형을 이루며 건강하게 자란다는 것은 축복이며 기쁨의 성장이다.

지금 이 시대는 육체의 건강을 위한 건강 지식들이 수없이 발표되고, 온갖 건강 정보가 쏟아져 나오고 있다. 관심만 갖는다면 어떻게 건강하게 살 수 있을까 하는 지식을 얼마든지 얻을 수 있다. 그러나 건강이란 아는 지식만으로 얻어지는 것이 아니라 아는 바를 몸소 실천하며 계속적으로 지속하느냐에 달려 있다. 한 가지 일을 오래도록 실천하는 일은 결코 쉽지 않은 일이기에 성의와 신념이 필요한 일이다.

정신의 성장 역시 같은 경우이다. 날마다 책을 읽고 생각하고, 친구와 우정을 교류하며, 좋은 점을 함께 나누며 배우고, 좋은 음악을 듣고 감명 깊은 영화를 보기도 하며, 유명인사의 명 강의를 들으며 도전하고, 스승이나 선배의 가르침을 배우며, 또 신앙을 바탕으로 경건을 연습하는 생활에 집념을 가지고 꾸준히 노력한다면 정신 내면은 풍요롭게 성장할 것이다. 정신과 육체가 균형을 이루도록 단련하며 연마할 때, 어떤 고난이나 슬픈 불행에도 좌절하지 않고 감당해낼 수 있는 강인하고 튼튼한 사람으로 성장하게 될 것이다.

우리들이 처해 있는 현실 주변에는 사는 일이 힘들고, 우울해 무거운 마음을 가진 사람들이 많다. 학교에 떨어져서 슬픈 사람도 있고, 사업경영이 힘든 사람도 있고 투병하는 사람들, 사랑 때문에 마음을 닫힌 사람들, 빚더미에 오른 사람들, 실패로 좌절하는 사람들, 소망을 잃은 사람들 등등의 이 모든 사람들은 시련의 아픈 경험을 통해서 세상을 관망할 줄 아는 통찰력을 지닌 사람으로 성장하게 될 것이다.

우리가 사는 이민사회는 기적이 없는 사회다. 건강한 심신을 삶의 밑천으로 삼고 적극적이고 열정적인 노력을 할 때, 그 삶의 결실이 오고 성장이 온다. 성장의 계절, 이 봄에 우리 모두는 몸과 마음이 성장하여 빛나는 각자의 생의 열매를 거두면 좋겠다.

2

옛것이 좋다

내 집이 그립다

정초부터 나는 몇 가지 옷을 챙겨 담은 작은 가방 하나와 핸드폰을 들고 몸담고 사는 내 집을 비우고 나와 동네 근처 호텔에서 한 주간을 지냈다.

여섯 가호가 나란히 붙어사는 콘도여서 HOA(Home Owners Association)라는 미팅을 하곤 한다. 1월에 집수리를 해야 한다는 의견이 다수여서 팀의 일원으로 그 결정에 합류할 수밖에 없었다.

집이란, 익숙하고 편한 내 생활의 공간이 아닌가, 낯선 숙소에서의 기거는 한 쪽이 마비된 것처럼 불편하기 짝이 없는 공간이었다. 호텔에 체류하는 동안, 내가 할 수 있는 하루의 일과라곤 고작 도서관, 커피숍 출입과 공원 산책이 전부였다.

도서관에 들어서면 침묵만이 흐르는 고요한 분위기 속에 저마다 무엇인가에 집중하고 몰두하는 모습들이다. 나도 그 틈에 앉아 독서를 했는데 잠시 학창시절로 돌아간 듯한 시간이기도 했다. 대학시절 내게 있어 도서관은 나를 말없이 가르치며 변화시키는 스승과 같은 곳이었기에 장시간 그곳에서 하루해를 보내기가 일쑤였다. 그런데 이제는 단시간 앉아 있음에도 몸이 고통으로 뒤틀려오며 진득하게 앉아 있을 수가 없어 도서관을 빠져나와 커피숍으로 향하곤 했다. 더 이상 젊은 대학생이 아님을 몸이 말해주고 있는 것이다.

커피숍 창문으로 바라보는 세상은 활기차다. 모두가 바쁘게 움직이며 어디론가 오고간다. 내 앞에는 한 세대의 문은 닫히고 새 세대의 문이 열려 있는 것이다. 나는 이 시대의 주역이 아닌 방관자이기에 한가롭게 커피를 마시고 있을 뿐이다.

해질 무렵 공원으로 산책을 나선다. 공원에는 걷는 사람도 있고 설치된 농구대에서 젊은이들이 농구를 하고 있다. 벤치엔 한 노인이 지팡이를 벤치에 걸쳐 놓은 채 개 한 마리와 멍청히 앉아 있다. 나는 노인 쪽으로 다가간다. 노인은 나에게 “하이”라는 인사 한 마디를 던지고는 다시 멍하니 노을을 바라본다. 나는 잔디밭에 앉아 노인을 다시 바라본다. 노인의 모습은 정지된 상태 바로 그것이다. 미술에 있어서 정물화 같다고나 할까, 노인의 허탈한 듯한 그의 모습은 마치 나비가 부화해서 날아가 버리고 남은 껍질

같은 느낌도 든다. 또한 그 외롭게 보이는 모습은 지난날 그와 다정하게 지냈던 아내를 먼저 저승으로 보내고 외톨이가 된 외기러기 같기도 해. 내 자신을 조명해 보는 것 같기도 하다. 노인은 희미한 시선을 젊은이들 쪽으로 향한다. 어쩜 노인은 저 젊은이들을 통해서 자신이 좋았던 과거를 되돌아보는 듯하다. 이제 그는 종막의 슬픔을 연기하는 노배우와 같아 보인다.

어느덧 공원에 땅거미가 깔리기 시작하자 운동을 하던 젊은이들, 산책을 하던 사람들, 모두 그들의 집으로 돌아간다. 노인도 지팡이를 의지하여 벤치에서 일어난다. 옆의 개도 지루한 기다림에서 깨어나듯 기지개를 켜고 일어난다. 노인은 내 곁을 지나면서 "바이"라고 들릴락말락한 인사를 하고는 공원 입구 쪽으로 발길을 옮긴다. 보행이 불편한 것 같다. 그가 개를 끌고 가는 게 아니라 개에게 끌려가는 것 같다. 그의 집을 향하여 공원 입구를 빠져나가는 노인의 뒷모습을 바라보며 나도 일어선다. 돌아갈 집이 있는 사람들은 복이 있는 사람들이다. '내 집' 듣기만 해도 행복한 말이 아닌가,

땅거미를 업고 호텔로 가는 길, 돌아갈 내 집이 그립다.

나도풍란

어느 해 한국을 방문했을 때, 난을 재배하는 곳에 들른 적이 있었다. 나무 등걸 모양의 기둥 같은 곳에 착생되어 피어난 하얀 꽃을 보는 순간 그 유명한 풍란이라는 것을 알았고, "아! 이것이 풍란이죠?" 하며 반가운 친구를 만난 듯이 그것 가까이 다가갔다. 그러자 주인은 웃으면서 "그건, 풍란이 아닌데요. 풍란 비슷한 것이죠."라고 하는 게 아닌가. 내가 꼭 풍란 같다고 하니까 "아. 그건 '나도풍란'입니다." 했다.

나도풍란이 풍란과 거의 비슷한지만 풍란은 잎이 작고 더 가느다란 소엽에다가 꽃은 유백색인데 비해 나도풍란은 잎이 대엽이고 꽃은 에델바이스처럼 그냥 투명한 흰색이란다. 둘이 큰 차이는 없지만, 그래도 '나도풍란'일 뿐, 진짜 풍란과는 구별된다면 주인의 설명이다.

'나도풍란'이라는 난을 들여다보며 누가 이런 이름을 붙였을까 풍란이면 풍란이고 아니면 아니지 '나도풍란'이란 이름을 가진 이상 이 난은 독창적인 자기 것은 없고 가짜 풍란으로 행세를 해야 하는 것이다. 차라리 초라하더라도 독립적인 자기 이름을 당당히 가졌더라면 그 꽃은 더 빛나 보이지 않았을까 측은했다.

그런데 처음 그 꽃을 볼 때는 그토록 고결하고 아름답게 보이던 것이 주인의 설명을 듣고 나니 이상하게도 '나도풍란'이 평가 절하되어 보였고, 풍란이라는 고고한 것을 동경하며 모방하려는 허영심에 찬 이류 난초로 전락되어 보였던 것은 무슨 연유인가. 그것은 '나도 무엇이다'라고 자기를 좀 과대주장, 과대광고 하는 아이러니 같아 보인 안타까움이었을 것이다.

'나도풍란' 의식이랄까. 어찌 식물에만 있겠는가. 사람들 사이에도 모방심리는 자유 범람하는 시대다. 특히 21세기의 특징 중 하나가 가짜의 성행이라고 하니 더욱 '나도풍란'은 대중화되고 있다. 우리가 사는 사회에, 정치계, 종교계, 예술계, 문학계에도 시작이면서 마치 달인이나 된 것처럼 '나도풍란'이라고 거들먹거리는 속성심리를 가진 사람들이 판을 친다. 그런 속성심리가 자기 분수를 정확히 측정하질 못하게 만들고 있는 것이다.

때때로 예술에 대한 평을 읽게 된다. 심사위원이나 평론가들은 언제나 개성이 없다는 점을 강조한다. 작품은 좋은데 개성이 없어

낙선 운운한다. 미술, 음악, 무용, 문학은 창작을 요하는 모든 분야는 개성론이 등장한다.

개성, 그렇게 중요한 것이다. 모든 창의적 활동엔 자기다운 개성이 있어야 하는데, 요즘 사회는 '나도풍란'이라는 시류를 타며 개성시대라고는 하면서 개성을 죽이고 있다. 자기가 없어져 가는 것이다. 대중사회에서 남과 다르기란 여간 힘들지 않다. 남과 틀린다는 것은 곧 열등한 것으로 생각하기 때문에 남이 하는데 나라고 빠질 수 없다는 부화뇌동의 작태다.

모파상의 〈목걸이〉라는 단편소설이 생각난다. 마띨드는 부유한 친구에게서 빌린 가짜 진주목걸이를 진짜로 알았기에 그녀의 나머지 인생을 망쳐버렸다. 빚을 갚기 위해서 죽어라 고생하고 힘든 노동을 견뎌야 했는데 결국 그것이 모조품 보석으로 밝혀졌을 때 그녀의 인생은 얼마나 억울했겠는가. 풍란 보다 '나도풍란'이 더 힘든 것이다.

그러니 '나도풍란' 되려고 하지 말고 풍란이 아니더라도 고고한 난이 아니더라도 자기에 알맞은 자기 이름으로 피어나기 위해 노력하는 것이 더욱 의미 있고 소중하다.

'나도풍란'이란 난초의 이름은 나에게 많은 것을 생각게 한다. 자신을 돌아보며 '나도풍란'이란 의식 속에 위장하며 살아온 것이 아닐까, 깊이 고민해봐야 내 분수를 찾을 수 있을 것 같다. '나도풍란'이란 의식에서 탈피할 때 개성이 분명해진다.

'많은 것들 가운데 하나'가 되기보다는 '나 하나의 나'가 되려는 자기다움을 가꿀 수 있는 고집이 있을 때, 자기답게 살 수 있을 것이다. 억지로 꾸며 뭔가를 보여주려 하다간 내가 쓰러질 것이 아니겠는가.

옛것이 좋다

대한민국 경주에서 제78차 국제펜대회가 열려 그 행사에 참석하기 위해 한국을 방문했다.

한 주간을 경주에서 지내고 서울로 상경한 설렘과 기쁨, 흥분도 채 가시기 전에 내 몸에 예상치 못한 탈이 생겼다. 멀쩡하던 새끼발가락에 염증이 생기며 심한 통증의 공격으로 나는 마치 패잔병처럼 쓰러졌다. 바이러스의 감염이라는 의사의 진단을 받고 주사로 약으로 치료를 했으나 전혀 차도가 없어 보행이 불편한 환자노릇을 하다가 휠체어의 신세를 지며 귀가를 했다.

출국 전, 옛날에 어머님이 명약이라며 애용하시던 '이명래고약'이 문득 생각이 났다. 공항 내 약국에 들러 혹시 '이명래고약'이 있느냐고 물었더니 있다고 하는 것이 아닌가. 잃었던 귀중품을 다시 찾은 그런 기쁨으로 두 박스의 고약을 샀다. 옛날이 그대로 있다는 것이 얼마나 큰 위안이며 반가움이었는지 모른다.

집으로 돌아온 그날 밤 성난 발가락에 고약을 붙이고 잠자리에 들었다. 다음 날 아침 이게 어찌 된 일인가, 피고름이 터져 나온 것이다. 온 몸이 시원한 느낌이 들며 통증도 사라졌다. 어머니가 명약이라시던 그 고약의 효험이었다. 고약 덕분에 이제는 회복기에 들어 살맛이 난다.

우리 집 딸들은 새로운 모델의 핸드폰을 몇 번씩 바꾸었다. 내 딸들뿐만 아니다. 모든 젊은이가 마찬가지다. 새로운 흐름에 합류해야 편하고 유익하다는 점도 있겠지만 대중사회에서 남과 다르다는 것은 열등한 것으로 생각되기 때문일 것이다. 새 감각, 새 물결, 새 시대…. 끊임없이 새것에 대한 강박증이자 광적인 욕구다. 젊은이들에게는 그만큼 새롭다는 의미가 중요한 것이다. 새로운 것에 대한 호기심으로 쉽게 새로운 것을 젊은 문화에 영합시키며 기성문화를 버리고 있다.

내가 가진 핸드폰은 물론 집안 살림이나 가구 모두가 구식모델이고 고물들이다. 딸들은 박물관에 전시될 모델들이라 갈아야 한다고 하지만 나는 내 손때가 묻어 있고 내 정성과 애환, 애착이 담겨있는 내 구닥다리들이 내 삶의 분신이기에 차마 버릴 수가 없다. 나는 고풍의 향수를 간직하고 싶은 것이다.

새것이 좋긴 하지만 새것을 추구하다 보면 안정감이 없다. 고풍

스런 분위기 속에서 깊은 인생을 배우는 옛것이 나는 좋다. 어머니 시대에 중히 여기던 '이명래고약'이 좋고, 사람도 옛사람이 좋다. 오랜 세월동안 자기들만이 구축해온 가풍의 문화, 텅 빈 옛집을 지키며 외롭게 사는 서구 노인들이 긍지가 있어 보여 좋다. 그 집에는 그들의 역사가 함께 있고 보수적인 기품도 있으며 깊이와 무게가 있어 존경스럽다.

내가 옛것을 좋아하는 것은 옛것에 대한 향수만이 아니다. 내가 알고 있는 것, 가진 것에 대한 애착 때문이다. 새것에 집착하는 젊은이들에게는 애착을 찾아보기 힘들다. 유행을 따라 오래 갖고 있지 않으니 정들 새가 없기 때문이 아니겠는가.

종이 위에 쓰는 편지

사계절 중에서도 가장 유정해지는 계절이 가을이다. 가을이 오면 그리움이 더욱 간절해지며, 따뜻하고 다정한 사연을 담아 누군가에게 편지를 보내고 싶어진다.

현대는 편지가 죽어버린 시대라고들 한다. 고도산업 사회의 문명권에 접어든 후, 이메일이나 트위터, 페이스북 등의 소셜네트가 이미 우리 생활을 점령했기 때문이다. 세련된 현대인들에게는 번개처럼 날아가는 이메일로 편지를 대신하는 시대다보니 편지글을 종이에 쓰는 일은 일상에서 점점 어려워지고 있다.

그리운 사람을 생각하며 쓴 편지를 들고 우체통으로 향하던 낭만은 옛일이 되었고 아름다운 것 중에 잃어버린 것의 하나가 육필로 쓴 편지이다.

편지를 받을 때는 희망이요, 읽고 나면 실망이라는 말도 있지만, 편지는 받으면 우선 반갑다. 느낌만으로도 보낸 이와 대화가 시작되는 것 같기 때문이다. 막상 읽고 나면 미진한 마음, 제한된 지면에서 오는 아쉬움, 슬픔을 전하는 안타까움, 마주앉아 오래오래 나누는 이야기만큼 흡족하지 않은 허전함이 안겨 오긴 하나 편지를 쓰면서 상대방을 생각하고 있었을 시간의 소중함에 가슴이 뜨거워진다.

쓰기에 따라서 읽는 사람의 영혼까지도 끌어안는 농밀한 편지가 될 수도 있다. 훈훈한 정에 끌려 혼자 있어도 혼자가 아님을 절감하기도 한다. 그래서 우리는 밤을 새워서 편지를 쓸 수 있으며 받은 편지를 소중히 간직하기도 한다.

편지는 그리움이며 외로운 영혼의 언어 전달이다. 그립고 보고 싶은데, 쉽게 만날 수 없으니 더욱 더 애타는 그리움을 전하는 편지, 밤이 깊도록 써 내려간 외로운 가슴속의 사연들이 백지 위에 절절히 흘러나는 편지, 사각봉투에 정성껏 붙인 우표 한 장에 아름다움이 있다. 그렇듯 편지에는 나만의 아름다운 비밀이며 외로운 밤의 서정시이며 편지를 받는 대상과 단 둘이 나누는 사랑의 신비한 호흡이 있다. 편지는 '하나의 비밀 결사를 맺는 것'이라고 시인 정현종은 말했는데, 바로 그 외로움 때문에 우표는 바다를 건너 산맥을 넘어 오늘도 우리의 하늘 위로 마치 손짓처럼 떠돌고 있는 것이 아닐까 싶다.

사랑 하는 것은/ 사랑을 받느니보다 행복하나니
오늘도 나는/ 에메랄드 빛 하늘이 환히 내다보이는
우체국 창문 앞에서/ 너에게 편지를 쓴다.

— 유치환 시 「행복」 중에서

편지를 쓰는 사람은 언제나 사랑 받는 사람보다는 사랑하는 사람일 것이다. 편지를 받는 사람보다는 편지를 쓰는 사람이 훨씬 더 사랑의 행복에 가까운 사람이다. 머잖아 가을이 밀려나고 겨울이 성큼 다가오면 더 세상은 적막하고 쓸쓸해지리라.

가을이 가기 전에, 나는 종이 위에 쓴 감미롭고, 인간애의 향기가 풍겨나는 한 통의 편지를 읽고 싶다. 그러려면 내가 먼저 사랑의 편지를 써야 하리라, 고요한 가을밤에 쓰는 사랑의 편지, 참으로 운치 있는 일일 것이며. 잊혀진 추억을 되살려 향수에 젖어보는 순간이 될 것이다.

아직도 너를 사랑한다는 문구가 들어있는 종이 위에 쓴 육필 편지를 손에 들고 코스모스 피어 있는 집을 지나 우체통으로 향하는 행복을 이 가을에 맛볼 것이다.

자연에서 신을 노래하다

먼 길을 떠나고 싶은 마음, 이는 가을이면 찾아오는 향수 같은 여심이다. 가을은 기다림의 계절이 아니라 찾아가는 사랑의 계절이고, 가을나무에서 인생을 배우며 잃어버렸던 나 자신과의 만남을 적극적으로 도모하는 계절이다.

10월 초순, 나는 딸과 함께 2주간의 나들이로 한국행 비행기에 올랐고, 몇 년 만에 제주공항에 도착했다. 공항을 빠져나온 우리는 숙소를 향해 바다를 끼고 도는 섬도시의 가을 길을 달렸다. 도시 곳곳은 변해 있었고 다시 태어난 새로운 것들이 내 시선을 사로잡았다.

차창 밖으로 멀리 가까이 넘쳐나는 차량들로 도시의 몸짓은 분주했다. 열 지어 서 있는 가로수들은 가을 물로 세수를 한 듯 했고 광활한 푸른 바다, 먼 산과 바위들도 의연한 풍모로서 제자리를 지키고 있는 모습은 무궁한 경이의 자연이었다. 누군가 표현했듯이 자연은 신이 쓴 위대한 책이라는 구절이 절로 떠올랐다.

제주에서 3일을 체류하는 동안 나는 매일매일 해변과 산을 찾아 걸음을 옮기며 자연 속으로 빠져드는 시간을 즐겼다. 찾아간 한라산 두레길, 그 산길을 올랐다. 잠든 듯 말이 없는 겹겹의 산들은 고즈넉했다. 나이를 지울 수 없는 힘든 산행이었으나 아득히 높은 산을 향해 누구의 부축도 받지 않고 고행하는 수행자처럼 내 몸을 채찍질하듯 하며 오르고 또 올라 정상에 올랐을 때, 살아 있는 산의 숨소리가 들렸고 신성한 산의 품에 안겨 지친 몸을 풀었다.

산 속에는 갈대꽃이 바람에 흔들리며 너울너울 춤을 추고 있었고 바위 위에 홀로 피어있는 들꽃들, 상쾌한 바람은 숲을 가로질러 달리고, 소리치며 날아오르는 새들의 지저귀는 소리는 하늘 위로 퍼졌다. 가을 산의 풍경은 그야말로 빛났다. 메마른 가슴에 감성의 물결을 일렁이게 하며 내 마음을 맑게 해주었고 온몸에 시선한 기운을 감돌게 했다. 자연은 우리에게 소중한 생명을 주고, 사색하는 힘과 창의의 꿈을 추구하는 원천이다. 인간에게 봉사하고 있는 자연을 생각하면서 나도 모르게 몸이 낮추어지며 눈물이 났고 신이 만든 자연 앞에 무릎을 꿇고 앉아 신을 노래하며 내 존재에 감사했다.

거리를 지나며 흥미로웠던 것은 음악회, 연극공연, 미술전시회, 박물관 관람, 시낭송회, 국악 한마당, 독서모임 등등 문화예술의 축제를 알리는 현수막들이 길가에 빨래처럼 걸려있는 것을 보면서 제주시민들은 정신적인 부자라는 생각이 들었다.

지금 이 시대의 문화는 더 이상 사치나 장식, 시간낭비가 아닌 생존 그 자체이다. 문화시민은 정신적 윤택함이 물질을 압도하는 기쁨을 느끼며 자신의 품격을 높이고 넉넉한 삶을 이어가는 사람들이다.

불란서에서 일만 하고 돈만 있다면 부자는 아니라고 한다. 그 나라에서의 부자의 기준은 문화의식에 큰 비중을 두고 있다고 한다. 예술, 문화계 인사와 친교가 있느냐? 독서를 많이 하는가? 또 문학 축제나 전시회관람, 음악, 무용, 연주회 등에 시간을 내서 참가하고 또 기부를 하느냐 등의 항목이 부자의 기준이라고 한다.

해외에서 성공한 우리교포들이 그만큼 존경과 대접을 못 받는 것은 문화지수가 낮기 때문이라는 얘기가 있다,

가을은 고요하고 엄숙하다. 가을 나무는 노랗게, 붉게 물들며 아름답게 자신의 종말을 준비하고 있다. 우리네 인생도 낙엽과 무엇이 다르겠는가? 길어봐야 백년, 때가 되면 우리도 저 낙엽처럼 다시 흙으로 돌아간다. 끝을 알면 세상 보는 눈이 달라진다고 하는데, 어리석은 인간들은 헛되고 헛된 일에 아옹다옹 열 내며

살고 있는 우리의 경박함이 부끄러워진다.

이제는 떠들썩하지 않고 조용히 안으로 안으로 생각을 모아가며 내 삶의 군더더기를 모두 떨궈 내고 없음으로 자유로워지는 노력을 해야 한다는 깨달음이 숙연한 아픔으로 온다.

참으로 오랜만에 딸과 함께한 여행, 세월이 흐른 먼 훗날, 딸의 마음 한 자락에 즐거웠던 모녀여행이 그리운 추억으로 남겨질 것이다. 이번 가을 여행은 자연 속에서 심신을 쉬게 해준 감사의 여행이었고, 스스로를 돌아볼 수 있는 개안을 도와준 여행이었다.

활력을 파는 5일 장터

한국을 찾는 외국인들이 가장 한국다운 분위기와 체취를 느낄 수 있는 곳 중의 하나가 동대문시장과 남대문시장을 꼽는다고 한다. 한국뿐만이 아니라 어느 나라에서건 그 나라의 특색과 그 나라 사람들의 생활을 가장 뚜렷하게 직접적으로 느낄 수 있는 곳이 아마 시장일 것이다. 그래서 어느 곳을 가든 시장 구경이란 흥미진진한 관광거리가 된다.

나 역시 시장 나가기를 좋아한다. 권태로운 날이거나 우울한 날이면 더욱 좋다. 인파가 가득한 시장은 생기 있는 삶의 현장이다. 그곳에는 우리 인간 세상의 모든 희로애락이 함께 숨 쉬는 곳이기 때문이다.

제주도에서 며칠을 지내는 동안, 한 주에 한 번 정기적으로 아침 일찍부터 5일장이 선다는 소리를 듣고 장터를 구경 갈 수 있는

운 좋은 날이 있었다. 장터 입구에 들어서자 옷차림이 현란한 무명가수의 신바람 나는 노래가 확성기를 타고 사방으로 울려 퍼지고 있었는데 재미난 볼거리였다.

장터 안으로 발걸음을 내딛는 순간부터 생선냄새와 야채냄새가 전신을 에워싸며 야릇한 생동감과 생명의 의욕이 솟구쳤다. 장터 안에는 생선, 야채, 정육, 다양한 떡들, 반찬, 과일, 기름 , 옷, 신발, 가방, 과자, 제주 특산물들, 족발과 김이 오르는 순대들이 쌓여있었고, 직접 심고 공들려 키운 채소들이 흙냄새를 풍기며 할머니들의 광주리에 담겨 손님을 기다리고 있었다. 억양이 다른 제주 사투리의 정다운 가게주인들은 맛 봅써께, 아주 맛이 쏘다, 골라 골라봅쎄, 쉬멍 쉬멍 구경합쎄 이런 음성이 사람들을 부르며 발걸음을 멈춰 서게 한다.

장바구니를 든 남녀노소의 손님들은 어느 가게의 물건들이 더 싱싱하고 싼가를 겨누며 장터를 한 바퀴 돈 뒤에 사고자 하는 물건들을 고르며 물건 값을 깎기도 하고 덤이라는 공짜를 더 받기도 한다. 정돈되고 깨끗한 물건들을 마음대로 골라 담아 계산대에서 계산만하는 슈퍼마켓과는 다른 정취가 있었으며 정을 주고 정을 사는 인간적인 분위기마저 느꼈다.

장터 뒤에는 물건들을 싣고 온 자동차들이 줄줄이 늘어서서 창고 역할을 하며 팔리는 대로 연방 새 물건을 들고 나온다. 활기차게 열심히 주어진 삶을 살고자 하는 의지의 사람들이 있는 장터에 사람들이 붐비는 것은 다만 물건을 산다는 그 이상의 것, 훈훈한 인정을 찾는 사람들의 마음 때문이 아닌가 한다.

장터의 상인들은 대를 이으며 장사를 하는지, 부부, 아버지와 아들, 어머니와 딸, 형제들이 함께 나와 물건을 팔고 있는 가족애 단합의 모습들이었다. 아침 9시경부터 12시까지가 제일 붐비는 시간이고 오후 대여섯 시경이면 파장이 된다고 한다. 왁자하던 아침 시장과 달리 끝의 파장은 한적해 쓸쓸한 느낌이 든다. 저무는 저녁, 포장을 거두고 남은 물건들을 차에 옮기는 손길들이 분주하다. 다 팔지 못한 채소가 담긴 광주리를 든 허리 굽은 할머니의 은빛 머리칼이 바람에 날리는 모습은 가슴 짠한 파장의 적막을 한층 더 깊게 한다. 파장의 잔영은 좀처럼 눈앞에서 사라지지 않는다. 많은 해를 망각의 여백 속에서 묻어두었던 풍경이었기 때문이리라

숙소로 돌아와 장터에서 산 물건들을 펼쳐놓으니 왠지 즐겁고 마음이 포근해진다. 성실히 살아가는 사람들 대열에 끼어 하루를 보낸 즐거움이 행복감을 안겨 준다. 내가 가본 5일 장터, 그곳은 활력을 파는 곳이며 인생을 파는 곳이었다.

깡의 근성으로

살아오면서 우리는 여러 유형의 성공과 실패를 목격하게 된다. 부러울 만큼 대중의 찬사를 받다가 어느 날 충격적인 죽음의 뒷모습을 남기고 우리 곁을 떠나는 사람들이 있어 세인들의 주목을 끈다. 성공과 실패는 두 가지 상반된 의미를 갖고 있다. 하나는 오르는 상승이고, 다른 하나는 내려가는 하강이다.

사람이 한 세상을 살면서 평탄하고 편안한 삶을 사는 사람은 아무도 없다. 우리들의 삶은 수많은 고비로 이루어져 있기 때문이다. 노숙자에서 대통령에 이르기까지 사람이라면 고민과 고통이 거미줄처럼 얽히고설킨 채 한평생을 살게 마련이다. 만일 고통이 없는 삶을 바라는 이가 있다면 그는 인간이기를 바라지 말아야 한다. 그만큼 고통은 우리가 먹고 마시는 물과 밥과 같은 것이기에 인생은 고해라고들 한다. 문제는 그 하강의 길에서 겪는 고통과 불행을 어떻게 견디거나 극복하느냐 하는 데에 따라 삶의 결과는 달라진다.

고민이나 고통, 불행은 나 자신에게 원인이 있을 때가 많다. 그 고통의 원인을 정확히 알고 있다고 해도 고통을 해결하며 극복하기가 쉽지 않다. 고통에는 인간의 힘으로는 어찌할 수 없는 불가항력적인 것이 더 많기 때문에 우울하고 괴로워하게 된다.

그렇다고 사람은 언제까지나 고통 속에서 불행하지만도 않다. 행복과 불행 사이를 오가며 산다. 성공의 행복도 오래 머물러 있지도 않고, 따라서 실패의 고통이나 불행도 오래 머물러 있지 않다. 그러기에 영원한 고통도 불행도 없는 순간적인 것이기에 잠시 지나가는 것이다. 생명이 실패로 고단하다고 해서 속수무책으로 무너져 내리며 죽음으로 사라져간다는 것은 안 될 일이다.

치열하지 못하면 살아남기 힘든 이 시대를 살아가는 우리들이기에 저마다 목적과 뜻이 있기 마련이다. 그럼에도 우리가 생각하는 성공이 하나같이 부와 명예, 사회적 지위를 성공의 목표로 여기고 그것에만 집중하다보니 목적을 이루지 못해 막상 실패의 길에 들어섰을 때 어떻게 대처해야 하는지를 모르게 된다. 그러나 산다는 것은 고통을 극복하고 역경을 이겨내는 일이 아닌가,

다른 사람이 당하는 고통과 불행을 보며 그들의 고통을 통해 내 자신이 겪는 불행은 그래도 가볍다는 위안을 받으며 감사하는

마음일 때, 나의 힘든 상황을 받아들이며 이겨낼 수 있을 것이고 선의의 깡의 근성을 발휘하며 고통을 뚫고 나와야 행복을 성취할 수 있는 출발이 될 것이다.

깡은 버티는 힘이고 밀고 나아가는 오기이고 배짱이다. 또 자존심이자 주체성이기도 하다. 깡이 없으면 그 힘이 오래 가지 못한다. 죽기를 각오한 깡으로 고통을 뚫고 이겨내는 용기, 의욕, 기백, 고민을 나눌 수 있는 사람과 믿음 쌓기 등의 노력이 있어야 인생을 아름답게 배당 받은 수명을 살다가 갈 수 있을 것이다. 성공의 묘미는 결과가 아니라 힘든 과정을 통해 얻는 성취감이기 때문이다.

성탄절의 의미

참 빠르다. 어느새 크리스마스캐럴이 울린다. 세월이 게 눈 감추듯 흘렀다. 제 아무리 민첩한 사람이라도 힘센 장사라도 세월 가는 것은 막아설 수 없는 것이니 인간의 한계상황을 절감하며 사람은 시간의 시체일 뿐이라고 한 카르마르크스의 말에 공감한다. 그래서 옛사람들은 '애일'이라는 얘기를 했는지 모른다. 하루하루 사랑하며 나누라고, 아름다운 나눔의 미덕을 상징한 것이다.

한 젊은이가 갈릴리에서 예루살렘으로 가는 예수를 찾아왔다. 그는 가버나움 지역에 사는 부자였고 장래가 촉망되는 젊은이였다. 인생이 무엇이며 삶이 무엇인지에 대해 많은 의문을 갖고 있던 그는 예수 앞에 무릎을 꿇고 "제가 영원한 생명을 얻으려면 무엇을 해야 하겠습니까?"라고 물었다. 그때 예수께서는 "너는 십계명을 알고 있지 않느냐."고 반문하셨다. 당시 유대인들은 십계명이 삶의 숙제를 푸는 열쇠라고 생각하고 있었다. 예수의 반문에 젊은이는 다음과 같이 대답했다. "어릴 때부터 그 계명을 끊임없이 들어왔고 또 잘 지켜왔지만 영원한 생명에 대한 신념이 없다."고 했다. 즉 십계명에서 인생의 답을 찾지 못했다는 이야기다. 그때 예수께서는 "네가 가진 것을 다 팔아 가난한 사람들에게 나누어 주라. 그러면 너는 하늘에서 부자가 될 것이며 영원한 생명을 얻을 것이다."라고 하셨다. 젊은이는 예수의 이같은 대답에 고민을 하며 돌아갔다. 그는 재산이 많았기에 그것을 나누어 주기에는 용기와 결단이 필요해 고민할 수밖에 없었다. 재물을 가진 부자가 하늘나라에 들어가는 것이 낙타가 바늘구멍을 들어가는 것보다 더 어려운 일이라고 한다. 그 어려운 일은 인간의 능력으로 하는 것이 아니라 하나님께서 하시는 일이다.

젊은이와 나눈 대화에서 예수의 메시지는 무엇인가, 소유의 개념과 의식의 변화다. 이웃을 사랑하려면 의식의 변화가 앞서야지, 그게 없으면 자신이 소유한 재산을 불쌍한 이웃들에게 내놓을 수 없다는 것이다. 내가 쓰다 남은 것을 남에게 선심 쓰며 주는 것은 생색이지 선을 베푸는 것은 아니라는 이야기다. 희생과 사랑 없는 신앙은 신앙이 못 된다는 말도 된다. 사랑의 정신은 나눔의 미덕에 의하여 실현된다는 것이다.

예수를 믿는다는 것은 그의 생각을 존중하고 따른다는 뜻이다. 예수의 제자들은 예수의 뜻을 따르다가 생명까지 바쳤기에 예수를 믿는 것은 결코 쉬운 일이 아니다.

크리스마스는 예수의 탄생을 축하하며 예수가 무슨 뜻을 가지고 이 세상에 오셨는지를 다시 새겨 보는 날이다. 그러나 오늘 우리들의 성탄절 모습은 어떠한가, 즐기는 날로 생각하고 있다. 파티와 선물교환, 상품세일, 매상 올리기에 급급해 있어 예수의 뜻과는 완전히 반대방향의 성탄절이 되고 있지 않은가, 가난한 사람들에게는 크리스마스만큼 우울하고 외로운 연말은 없다. 부자와 빈자가 극도로 비교되는 슬픈 계절이다. 서로 나누고 함께 한다는 것이 실천종교의 으뜸가는 실행일 것이며 격이 있는 인간의 모습일 것이다.

성탄절의 의미는 예수의 생각을 곰곰이 새겨보는 것이 예수 탄생 축하의 진정한 자세다.

소외된 사람, 불우한 사람들에게 온정을 베풀며 나누는 정신이 성탄절의 의미다. 예수 정신없는 성탄절은, 의미 없는 크리스마스일 뿐이다.

녹음의 생명력

이제 세상은 온통 푸르름으로 물들어 그 싱그러움을 분수처럼 뿜어낸다. 여름의 상징인 녹음, 그 푸른 기상이 당당하기 이를 데 없다.

온 대지의 열기를 하늘로 뿜어 올려 푸른 불꽃을 이룬다. 젊고 씩씩해 거칠 것이 없이 내닫는 젊은이의 숨결을 녹음 속에서 느낀다.

공해 속에 나타나 지평선을 가득 채우는 저 푸른 생명, 아무리 보아도 물리지 않는다. 눈에 시원함을 줄 뿐만 아니라 눈을 감고 숨을 들이마시니 그 싱그러움이 내 몸속으로 스며들며 생기를 돌게 한다. 감사하는 마음 또한 솟아오른다. 어디에 숨어 있다가 저토록 푸른 푸르름으로 나타나는가, 신비스럽고 경탄스럽기 이를 데 없다. 그러나 세상의 어느 것도 우연히 이루어지는 것은 없다. 저 푸르름 또한 무수히 많은 것을 인내한 열매로 푸르름을 갖게 된 것이리라. 몰아치는 폭풍을 이겨내야 하고 뜨거운 뙤약볕을 견디어내야 한다. 하늘로 치솟아 오르는 높이만큼 땅 속 깊이 뿌리를 내리고 캄캄한 어둠을 더듬어 수맥을 찾아가야 한다. 그 노고와 아픔, 또 그 고독은 얼마나 큰 것이었을까. 자연은 말이 없으나 많은 것을 우리에게 들려주고 보여주며 배움을 준다.

세상을 살아가면서 우리는 고단하고 쓸쓸할 때가 참으로 많다. 서러움과 외로움을 느낀 적도 적지 않다. 때론 흔들리며 발밑이 무너져 수렁 속으로 빠져드는 것 같은 절망감, 실의에 빠지기도 한두 번이 아니다. 나 혼자만이 소외된 것 같고 불행한 것 같아 죽고 싶은 자학의 시간도 없지 않았다. 그러나 여름의 녹음을 보면서 외롭고 고단하고 절망을 느낀 것은 나 혼자만의 일이 아니라는 것, 세상에 존재하는 모든 것, 그 본질 속에는 고독, 절망이 내재하여 있음을 알게 된다. 어느 생명인들 목숨을 부지하는 데 수월함이 있겠는가. 행복의 절정에는 불행의 그림자도 동반되고 즐거움 속에도 슬픔의 씨앗이 숨겨져 있음이다.

분주하고 부산한 여름날의 한 가운데서 짙푸른 녹음은 최선을 다하여 절정의 삶을 사는 생명이다. 시간에는 현재를 중심으로 과거와 미래가 있다. 현재의 이 순간이 다음엔 과거가 되며 미래는 곧 다음 순간 현재가 된다. 지금 이 순간 뜨겁게 사는 열정

없이는 과거와 미래라는 시간 또한 무의미해질 수밖에 없다.

여름날의 녹음은 현재의 순간에 충실하고 성실하게 사는 삶을 보여주는 본보기이다. 그 푸르름 앞에 서면 권태나 나태의 늪에서 빠져나오는 새로운 삶의 개안을 실감하는 순간이 되어 함부로 자기를 낭비할 수 없다는 결의가 생긴다. 실로 불타는 열정을 가지고 이 여름 최선을 다하며 삶의 흔적을 남기는 일에 임하여야겠다는 마음을 가지게 한다.

수영을 즐기면서

헬스클럽에 회원증을 갖고 있으면서도 게으름의 소치였는지 일 년 내내 손꼽아 셀 정도로 그곳에 출입을 했다. 그것도 운동을 위해 실내에 줄지어 늘어선 각종 운동기구는 아예 거들떠 보지도 않고, 열기로 뜨거운 사우나 실이나 뜨거운 물에 온몸을 담그고 나오는 것이 고작 내가 즐긴 헬스장의 사용내역이다.

그런데 산다는 것은 새로운 적응에 익숙해지며 변하는 것이다.

척추를 다친 후, 치료를 담당하신 의사선생이 수영이 도움될 거라는 권유에 따라 요즈음은 이틀이 멀다하고 뻔질나게 헬스장을 찾으며 수영에 재미를 붙이는 물의 친구가 되어 물속을 누비는 한 마리의 인어가 되어 해방감마저 느끼고 있다.

수영장에서 만나는 중년들은 세월에 실려온 불어난 무거운 몸을 색색가지 수영복으로 가린 채, 몸을 물속에 담그고 체력을 단련하는 데 여념들이 없다. 비만증, 신경통, 관절염 등 나이만큼 지니고 있는 육체의 아픔을 서로가 호소하는 동병상련의 공간이며 이 사각의 공간은 심신을 단련하는 물리치료장이기도 하다.

사람들이 수영을 즐기기 시작한 게 언제부터였을까 하는 의문이 들었다. 인간이 물과 친해진 것은 물고기를 잡아먹어야 하는 생존과 직결된 원시시대부터 행해 온 것이라고 한다.

프랑스에 있는 디에프 해안은 실로 우연한 기회에 세계 최초의 수영장이 된 유서 깊은 바닷가라고 한다. 당시 루이 14세는 광견, 미친개한테 물린 귀부인 3명을 발가벗겨 바닷물에 넣으라 명령했다고 한다. 무슨 근거에서인지 그때만 해도 광견병 치료는 바닷물 속에 던지는 충격요법이었다고 한다. 벗은 채 바닷물에 던져지기를 거부한 귀부인 환자들의 생명을 건지기 위해 왕명이 떨어졌다는 것이다. 페리 백작부인이 물속으로 들어가는 동안 일제히 축포가 울려 퍼졌다고 한다. 그후 서양에서는 공개적인 수영이 시작되기까지는 장장 1세기라는 세월이 걸렸다는 기록이다.

물속은 마치 어머니의 자궁 속처럼 아늑하고 따뜻한 품이다. 물속으로 뛰어든 몸을 공처럼 띄워주며 우리들의 병든 몸을 쓰다듬으며 그 넓은 포용력으로 치유의 은혜를 베풀어 주니 한없이 고마운 게 물이다. 물에 합류되어 30분 동안에 수영을 끝내고 뜨거운 물에 잠시 몸을 담갔다가 나오면 모공이 활짝 열려 피부에

쌓인 노폐물까지 빼내 주어 영혼마저 맑아진 듯 상쾌해지며 몸은 깃털처럼 가볍고 신경의 눌림에서 오는 심한 통증도 조금씩 사라지니 물은 재생의 묘약임이 틀림없다,

수영을 하는 일은 마치 인생살이와도 같다. 살다보면 결국은 혼자 남아 살아간다. 누구를 붙들고 함께 수영할 수 없는 것처럼 인생 역시 홀로서기라는 것을 수영은 가르쳐 주며 순리대로 살라고 일깨워 준다. 흐르는 세월에 건강도, 청춘의 봄날도 간다. 그렇다고 현실을 비관한 채로 끝없이 회한의 나락으로 굴러 떨어질 수는 없는 노릇이다. 그럼에도 불구하고 헤쳐 나가는 것, 어둠을 뚫고 나가려는 의지의 노력이 있을 때 가족들에게도 마음의 짐을 덜어줄 수가 있다.

병을 치유하는 것은 내 자신에 대한 사랑이다. 사랑의 이름으로 수영을 즐기며 내 몸을 수영으로 활기로 되찾아 여생을 건강하고 편안하게 살고 싶은 소박한 꿈을 꾼다. 수영은 인간이 가장 원초적인 상태로 돌아가는 자연의 일부이다.

바다의 푸르름

바닷가로 나가 혼자서 지는 해를 바라보며 걸었다. 해는 노을을 등에 지고 저편으로 사라져가고 바다 저편에는 구름이 몰려와 바다를 검게 물들이고 있었다. 하루 해가 기울어 가고 있는 것이다. 시원한 바닷바람이 나를 맞아주며 혼자 걷는 길에 동행이 되어준다. 파도치는 바다의 냄새가 정겹다. 오랜 여행 끝에 안식처에 닿은 것처럼 몸과 마음이 푸근해지며 내 영혼에 파고든 죄와 상처들이 말끔히 씻겨지는 것 같다.

언제 보아도 바다는 큰 가슴의 생명체이다. 끝없이 출렁이며 크고 작은 파도를 만들고 이따금 제물에 몸부림치며 무섭게 노하며 공포감을 주기도 하지만 다시 어머니의 품처럼 너그럽고 평화로운 얼굴을 한다. 물결을 이루며 해안으로 몰려드는 파도는 온 힘을 다해 모래밭 위로 달려들어 조금이라도 더 멀리 왔음의 흔적을 남기려 한다. 어떤 파도는 성공하여 다른 파도가 이루지 못한 자취를 모래밭 위에 크게 남겨 놓기도 한다. 그러나 흔적은 다시 다른 파도에 의해 지워진다. 마치 우리의 삶 속에 자신의 발자취를 남기려는 필사적인 노력과 같다.

딸들이 어렸을 때 나는 딸들과 함께 어머니를 모시고 바닷가 모래사장에서 행복한 여름날을 보내곤 했다. 어머니는 무좀이 심하여 고통스런 당신의 발을 모래 속에 묻고 태양의 열기로 뜨겁게 찜질을 하셨고 어린 딸들은 모래 위를 뛰어 다니며 조개껍질을 주워 모으기도 했고 둘러앉아 모래성을 쌓고 허무는 놀이에도 열중하며 재미있어 했다. 그렇게 우리는 바다의 품에 안겨 주말의 오후를 즐기곤 했다.

인간은 사랑하고 생명을 얻고 생명을 떠나보낸다. 내 어머니의 일생도 파도처럼 왔다가 세월에 밀려 우리 곁을 떠나셨다. 바다 냄새, 파도소리만 들어도 가슴속에는 어머니와 공유했던 추억들이 되살아나며 어머니가 그리워진다. 결국 어머니의 인생도 한 차례의 물결이었고 그 물결은 파도가 되어 가족들 가슴에 큰 사랑만을 남기고 사라졌다.

청옥빛 바다는 그 깊은 곳에 온갖 것이 다 들어 있다. 벗어던진 신발도 들어있고 사랑을 잃어버린 사람들의 슬픔도 있고, 태평양 너머에 있는 고향이 그리운 사람들의 눈물도 있다. 술 취한 사람들의 소변도 있고 갈매기의 울음도 있다. 과음한 사람들의 토설도 들어 있고 분노한 사람들의 욕설과 침도 들어 있다. 먹다 버린 깡통과 음식도 있다. 재가 되어 뿌려진 문우의 넋도 들어 있다. 크고 작은 물고기들도 헤엄치며 살고 있다.

바다는 숱한 것들을 마다하지 않고 큰 가슴을 열어 품어 안은 채 싫은 내색도 없이 자신의 색을 잃지 않고 푸르름으로 출렁이고 있는 것이 아닌가. 그 모든 것을 담고도 저리 푸를 수 있음을 보여 주니 참으로 그 포용이 감동적이다. 그런데 바다인들 늘 푸르기만 했겠는가. 아마도 그것은 수양하는 선비처럼 속으로 때로는 거대한 해류를 흐르게 하고 때로는 소용돌이치게 하고 위의 물과 아래의 물을 뒤섞어 줌으로써 살아 있는 푸른 바다로 남기 위한 끊임없는 자기정화 작업을 쉬지 않았으리라.

내 속엔 여러 유형의 감정적인 것들이 숨겨져 있다. 상실의 아픔도 있고 노여움과 미움도 있고 배신의 상처도 있다. 오염된 것들을 씻어내지 못해 나는 나만의 푸르름이 없다. 작은 가슴을 가진 내가 어떻게 푸를 수가 있겠는가, 푸르름으로 출렁이는 저 바다가 한없이 부럽다.

살아 있다는 것은 은총이고 감사이다. 바다를 보며 그가 살아 있고 또한 내가 살아 있음을 느낀다. 깨닫는 자가 되어 무엇을 하고, 무엇이 되고, 무엇을 가지는 것이 아무것도 아니라는 자유

스러움을 느낀다.

바다 앞에선 나도 바람이 되고 파도가 된다. 그리고 나 또한 그 푸르름이 된다.

동강나는 약속

우리들은 살아가면서 수많은 약속들을 만들며 살아가고 있다. 그런 약속들 중에는 자신과의 약속도 있고 타인과의 약속, 또 신과의 약속도 있다. 이런 약속들은 지극히 중요한 생활양식이다.

약속은 약속이라는 영국의 명언이 있다. 약속은 약속이기 때문에 반드시 지켜야 한다는 뜻이다. 그만큼 어떤 약속이든 중요하고 엄숙하다는 의미일 것이나 인간의 약속은 깨어지기 쉽고 변하기가 일쑤다. 오늘날같이 서로 바쁘게 살아가는 시대에 있어선 특히 더하다.

약속은 곧 그 사람의 인격이며 그 인간을 증명하는 가장 중요한 증명서와 같은 것이라고 한다.

그렇기에 약속을 잘 지키는 사람에게는 안심감, 신뢰감이 생겨 그 사람을 보증수표라고도 한다. 반면에 약속을 지키지 않는 사람과는 매사에 어긋나며 신뢰감이 무너져 불쾌감 내지 배신감까지 들어 한 물 먼 거리를 두고 지내게 되며 인간 부도수표라고 하기도 한다.

내 경우를 보면 약속 중, 신과의 약속, 나 자신과의 약속을 지키기가 참으로 힘들다. 신과의 약속은 깊은 영적 약속이다.

신의 뜻과 계명대로 살아보겠다고 기도는 하지만 내 삶 속에서 그분의 뜻과 계명은 실천되지 못하고 있다. 경건함이나 거룩함, 겸손함이 나를 지배하지 못하고 비난에도 담담하지 못하니 아, 얼마나 큰 죄를 짓고 있는가. 죄인인 나는 늘 통회하곤 한다. 나약한 인간으로 신과의 약속은 노다지를 찾는 산꾼처럼 어렵고 어렵다.

자기와의 약속은 내가 내 마음과 약속을 하는 것 즉, 자아와의 내적 계약이 아닌가. 그런데 그렇게 꼭 하겠다고 작심을 해놓고도 번번이 그 약속을 파괴하며 동강을 내고 만다. 내 자신에게 왜 그리 너그러운지 모를 일이다. 오늘 못하면 내일 하지로 미루는 연기, 지속성이 없으니 자연 나는 나한테 지고 내가 나를 수시로 배신하게 된다.

그 날에 있었던 인상적인 얘기들을 일기처럼 기록해 두자, 적어도 한 달에 두 편 정도의 작품은 쓰자 등의 내 자신과의 약속 때문에 머리맡에는 백지와 볼펜을 놓아두고 있다. 그러나 아침에 일어날 때는 백지도 볼펜도 간밤에 놓였던 그 자리에 그대로 변동이 없다. 나는 다만 수면제처럼 그것들을 하나의 타성으로 머리맡에 놓아두었을 뿐, 한 줄의 글도 손대지 못한 채 잠들곤 한다.

주기적으로 나를 강타하는 수렁 같은 무력감, 정신적인 고갈에 시달리고 있는 것이다. 생각하면 이런 일이 어제 오늘의 일만은 아니다. 내가 삶의 현장에서 혼자 생각하는 갈대로 서기 시작한 후로 습관적인 것이다. 벗어나야 한다고 생각하지만 수없이 거듭해온 일이기에 쉽지 않다.

머리맡에 백지, 밤마다 부적같이 잠자리를 지키는 백지를 대하고 있으면 나는 평생 단 한 줄의 글도 써보지 못한 여자처럼 막막하고 아득하다. 모든 생각과 말은 해체되어 버리고 어느덧 내가 물기 없이 마른 한 장의 백지가 되어 있다. 무언가 쓴다는 일, 그것은 자신을 돌아보는 성찰의 시선으로 덮어 가려있던 깊은 마음을 헤쳐 내 밖으로 드러내는 일이다. 내게 있어 그 일은 참으로 거대한 고독이다. 결코 정복할 수 없는 절대 고독의 아성이다. 옛날이나 지금이나 그 고독은 지금도 지하수처럼 흐르고 있다. 전에는 그 아성에 도전하는 기력과 정열이 있어 밤새는 줄을 몰랐으나 언제부터인가 나는 백지를 들고 그 앞에 무기력하게 앉아 있다. 마음에 안정이 없는 불안의 병세다. 그 병세에는 글을 써야만 생명 지님을 알게 되고 마음속에 불타오름을 알게 하는 치유의 방법이다.

쓴다는 그 무형의 고독에 나를 던져 피하지 않고 한데 어울림으로써 결핍에서 충만으로 불안에서 편안으로 소생하고 싶다.

오늘도 인당수에 뛰어드는 심청의 마음으로 백지 앞에 앉아 동강난 약속, 자신과의 약속을 이행하고자 고독의 비수를 갈며 글을 쓰는 연소 작업으로 나를 저미고 있다.

여름의 시

여름은 작열하는 태양이 대지를 불더위로 만드는 반란 같은 계절이다. 나는 뜨거운 것을 좋아하기에 여름을 좋아한다. 뜨거운 생명, 뜨거운 사랑, 뜨거운 정열, 뜨거운 피, 얼마나 좋은 것인가, 뜨겁기 때문에 곡식도 무르익고 과일도 성숙케 하니 풍요의 절정이다.

여름이면 평상시와는 달리 안이 답답하게 느껴져 밖으로 나가고 싶다. 집 근처에 있는 녹음이 푸른 공원을 찾아간다. 여름의 상징인 녹음, 그 푸른 기상이 당당하기 이를 데 없고 그 싱그러움을 분수처럼 뿜어낸다. 나무그늘 잔디 위에 누워 바라보는 저 푸른 생명, 아무리 보아도 물리지 않는다. 눈에 시원함을 줄 뿐만 아니라 눈을 감고 숨을 들이마시면 그 싱그러움이 내 몸 속으로 스며들며 생기를 돌게 한다.

어디에 숨어 있다가 저토록 푸른 푸르름으로 나타났는가. 신비스럽고 경탄스럽기 이를 데 없다. 그러나 세상에 어느 것도 우연히 이루어지는 것은 없다. 저 푸르름 또한 무수히 많은 것을 인내한 열매로 푸르름을 갖게 된 것이리라. 몰아치는 폭풍을 이겨내야 하고 뜨거운 뙤약볕을 견디어내야 한다. 하늘로 치솟아 오르는 높이만큼 땅 속 깊이 뿌리를 내리고 캄캄한 어둠을 더듬어 수맥을 찾아가야 한다. 그 노고와 아픔, 또 그 고독은 얼마나 큰 것이었을까. 세상에 존재하는 모든 것, 그 본질 속에는 아픔과 고독이 내재하여 있음을 알게 된다. 자연은 말이 없으나 많은 것을 우리에게 들려 주고 보여 주며 배움을 준다.

오랜 시간 공원에 머물며 읽고 싶은 책을 읽기도 하고 풀냄새, 흙냄새를 맡으며 나무들의 밀어와 새들의 지저귀는 소리를 들으며 바람소리에 귀를 씻는 것이 즐겁다. 그러면서 나무와 풀, 구름, 자연과 대화도 나누는 기쁨이 생동감 넘치게 한다. 수목들의 밀어는 사람들의 말보다 더 아름답고 자세하다. 사람과의 대화에는 칭찬보다 오해가 더 많고 이해보다 꾸중이 많아 자연과의 대화보다 힘이 들고 말에 기교와 예의가 있어야 하나 자연은 침묵으로 말을 받아주고, 침묵으로 말을 지켜준다.

세계문학 속에 여름과 가장 깊이 친교했던 사람은 아무래도 미국작가 테네시 윌리암즈일 것이다. 그는 일년내내 작열하는 여름

뿐인 눈부신 원시의 땅 칼라파고스(거북이)라는 한 섬에 매료되어 원고지와 펜을 챙겨 들고 그 섬으로 달려가곤 했다.

그의 희곡 ≪지난여름 갑자기≫의 첫 페이지에 베나블 부인이라고 불리는 중세풍의 한 여자가 순은장식이 달린 중세풍의 지팡이를 짚고 등장한다. 그녀의 아들은 열다섯 살 때, 류마티스 열병을 앓아 심장판막에 금이 간 무명시인이었다. 이 병약한 아들은 언제나 흰 모자에 흰 양말, 흰 옷과 흰 티 외에는 입지 않는 결벽증 환자인데, 여름이 되어야만 영혼이 뜨거워져 오직 한 편의 시를 쓰곤 한다. 그녀는 아들의 시를 〈여름의 시〉라고 부른다. 해마다 열정에 찬 여름이 오고 아들이 한 편의 시를 쓰면 두 모자는 자신들의 정원에 있는 아트리에로 들어가 18세기적 인쇄기로 아들의 시를 찍어 내곤 했다. 그녀의 아들은 여름을 제외한 아홉달의 세월은 한 편의 시를 얻기 위해 잉태와 산고의 기간이었던 것이다. 테네시 윌리암즈는 작열하는 여름은 시와 생명을 낳는 창조의 시간으로 표현하고 있는 것이었다.

해마다 여름이면 미주 문인들은 만남의 설렘과 자유로움이 일렁이는 문인들의 축제, 해변 문학제를 바닷가에서 연다. 26년간 바닷가를 누비며 해변문학제의 역사를 만들어 오는 동안 문학세미나의 강의를 들으러 오는 사람들로 성황을 이루며 그 날의 프로그램에 즐겁게 동참한다. 그들 중 피서를 하겠다는 뜻으로 바닷가에서 여는 문학축제를 찾아오는 사람은 없다. 여름에 시를 읽고, 시 강의를 들으며 시를 감상하기 위해 오는 것이다. 강의를 지루해 하는 사람 없이 온 정신을 집중해 경청하며 뜨거운 강의에 감동하고 도전을 받는다. 지금 이 순간 뜨겁게 사는 열정 없이는 과거와 미래라는 시간 또한 무의미해질 수밖에 없을 것이다.

외로운 시인이 여름을 택해 존재를 다한 한 편의 시를 쓴다는 사실을 생각한다면 우리도 여름을 속절없이 권태나 나태의 늪에 빠져 함부로 탕진해 버릴 수는 없다는 결의가 생긴다.

뜨거움이 여름에 절정이듯 우리도 뜨거운 마음으로 뜨거운 인생을 살아야 할 것 같다. 창조하는 일만큼 가치 있는 행복도 없으리라. 창조에 도전하기 위해 불꽃같은 뜨거운, 불타는 열정을 가슴에 담고 이 여름을 최선을 다하며 삶에 흔적을 남기는 일에 임하여야 하겠다는 마음을 가진다. 아직도 해야 할 일들이 우리를 부르고 있지 않은가.

마음을 비운다는 것

음력 설까지 쇠었으니 이제 확실하게 한 살을 더 먹었다. 지나온 한 해, 별탈없이 살았다는 것은 대단한 마음의 위안이며 은혜로운 일이다.

신년모임에 만난 사람들은 이구동성으로 새해에는 욕심을 버리고 마음을 비우며 단순 소박하게 살겠다는 말들을 했다. 이런 말은 새해에는 자주 듣는 새 결심이란 성찬의 말이다.

모든 화가 욕심에서부터 비롯되니 욕심을 버려야 한다는 말이다. 이는 물욕적인 것만 아니라 모든 면에서 욕심이 번뇌의 근원이 되고 그것이 결국은 우리의 몸과 마음을 상하게 하며 결과적으로 건강을 잃는 불행을 초래하게 된다는 말이기에 공감하는 바가 컸고 종교적인 진리를 담고 있다고 할 수 있기에 새겨들어야 할 말이기도 했다.

그런데 생각해 보면 인간에게 욕심이 없을 때, 과연 그 삶이 팽만함이나 긴장성을 유지할 수 있을까 하는 의문도 들었다. 욕심이 있기에 의욕도 생기고, 욕심이 있기에 미래를 설계하고, 욕심이 있기에 더 나아지겠다는 진취적 사고도 생겨나는 것이 아니겠는가. 알고자 하는 욕심이 있기에 인지가 발달하고 잘 살고자 하는 욕심이 있기에 열심히 일하고, 더 훌륭한 사람이 되고자 하는 욕심이 있기에 애써 자기 수련과 인격도야를 도모하는 것이지 않는가.

우리 인간에게서 욕심이 사라진다면 어떻게 될까. 삶은 제자리걸음 아니면 퇴보하고 말 것이다. 욕심으로 인하여 생겨나는 번뇌는 사라지겠지만 게으름과 퇴행적인 권태가 우리를 둘러싸고 말 것이니 욕심 없는 인간의 삶도 바람직한 것만은 아니지 않겠는가 하는 생각이다.

욕심은 인간에게 필요한 것이나 지나친 욕심이 화근이 된다는 것이리라. 절제가 어려운 욕심, 마음을 괴롭히는 욕심이 될 때는 화를 부르는 욕심이 될 것임에는 틀림이 없다. 과욕은 금물이라든가, 삼가야 할 일이라는 것을 너나 없이 잘 알고 있지만 절제하기란 퍽 어려운 일이다.

지인 중, K여인은 평소 건강하고 의욕적인 여인이었고 활발하게 움직이는 열정적인 사람이었다. 그런 그녀가 어느 날 갑자기

쓰러졌다. 혈압이 높았는데 주의하지 않았다. 그녀답게 투병에 있어서도 적극적이며 열성적이었다. 약간의 마비가 남아 있는 상태긴 했지만 기적적으로 회복이 되었다. 꾸준한 재활치료로 마비증세가 다 풀려 갈 무렵 뜻하지 않게도 다시 쓰러졌다. 본인은 물론 가족, 주변사람들이 받은 충격은 컸다. 완치 단계에서 재발이 되었으니 회복이 불가능하리라는 예측 때문이었다. 긴 투병생활을 통해 그녀는 연약하고 초췌하여 노쇠한 모습이 역력해, 보는 이들을 안타깝게 했다.

그런 그녀를 나는 한동안 잊고 살았다. 그런데 얼마전 마켓 파킹장에서 우연히 만나 깜짝 놀랐다. 그녀는 완전히 쾌유하여 있었고 말끔한 모습이 발병 전보다 더 건강해 보였다. 두 손을 잡고 "고생하셨는데, 좋아지셨군요. 회복된 건강을 축하한다."는 인사를 했다. 그녀는 고맙다고 하며 전혀 뜻밖의 말을 그녀에게서 들었다. 마음을 비우고 욕심을 내려놓은 것이 투병의 첩경이었다는 것이다. 처음 쓰러졌을 때는 왜 내가 이런 일을 당하야 하나 원망과 억울한 마음이 커 꼭 이겨내겠다는 오기로 고함을 치기도 하며 분노도 했지만 결과는 다시 병이 재발하였다. 두번째 투병에서는 마음을 편안히 가지려 노력하였고, 원망하고 억울한 마음, 빨리 낫겠다는 인간적인 욕심, 이 모두를 내려놓게 해달라는 기도를 쉬지 않았을 때 마음이 편해지며 감사하게 건강이 회복되는 기쁨을 얻었다고 하는 것이 아닌가.

마침, 그때 K여인과 내가 서서 안부를 나누는 자리로 승용차 한 대가 우리를 덮칠 듯 속력을 내며 달려와 겁에 질린 우리는 재빨리 비켜섰고 나는 험한 말을 하며 두 눈을 사납게 부릅뜨고 그 차를 노려보았다. 그러나 그녀는 그 차가 지나간 뒤에 이렇게 말하는 것이 아닌가. "저 운전자가 아주 급한 일이 있나 보네요. 예쁘게 봐주십시다." 그녀가 쏟아낸 말들은 금빛 모래 언덕에서 흘러내린 고운 모래처럼 내 앞에 쌓이며 조용히 내 가슴에 내렸다.

아, 마음을 비운다는 것, 그것은 너그러움과 사랑의 눈으로 세상을 보는 것임이 증명되는 순간이었다.

여행에의 초대

일 년에 한두 번은 서울을 다녀오는데, 주로 KAL기를 탄다. 여행사를 하는 사람과 가깝게 지내는 지인의 덕분으로 좋은 자리를 얻는 편리도 있지만, 업그레이드되는 마일리지 혜택도 신나고, 또 서울까지 논 스톱이란 시간의 단축때문이라고 볼 수도 있다.

요즈음은 성수기, 비성수기 관계없이 한국행 비행기 좌석은 늘 만석이니, 여행의 시대가 열린 것이다. KAL기를 탈 때마다 고마움을 느끼는 것은 미모의 스튜어디스들의 친절함과 서브하는 음식 중, 특히 비빔밥이 일미이고, 우수한 편집으로 만든 기내 잡지가 있어서이다.

길을 떠나면 읽을거리가 길동무라는 생각으로 늘 책을 들고 다니는데 KAL기 안에 꽂혀 있는 기내 잡지를 뒤적이노라고 들고 간 내 책을 펴보지 못하게 된다. 시원하고 고급스런 편집과 좋은 필자들의 수준 높은 글은 잡지로서 세계 어디에 내놓아도 빠지지 않는 잡지다. 이 잡지는 나를 여행으로 초대해 주며 미지의 나라의 신비로운 베일을 살그머니 들어올려 준다. 그리고 나의 호기심과 상상력을 머나먼 나라로 이끌어 주며 거기에서 그들의 삶과 문화를 만나게 한다. 또한 반가운 것은 깊고 그윽한 우리의 문화에 대한 눈을 열게 해 주는 것이다.

우리의 문화가 우리 자신에게도 이렇듯 놀라움이거늘 낯선 외국인들의 눈에는 얼마나 아름답고 신비스럽게 보일 것인가. KAL기를 타고 한국을 찾아오거나 또는 스쳐 지나가기만 하는 외국인들에게 이 잡지는 그들의 마음을 한국으로 초대하는 좋은 길잡이가 될 것이다.

창밖을 내다보니 아무것도 볼 수 없는 허공을 달린다. 달리면서 산천의 모든 자연들을 볼 수 있다면 덜 지루할 텐데 하는 마음은 천하를 발아래 굽어보면서 천리를 단숨에 날아간다는 축지법, 그 축지법을 상상하게 하며 한 걸음으로 태평양을 건너뛴다면 얼마나 도착시간이 빨라질까를 생각하게 한다.

나는 아무에게도 방해받지 않고 옷 벗은 마음으로 자유로운 상념에 잠긴다. 시행착오처럼 지나가버린 나의 삶에 대해서 뉘우침이나 안타까움 같은 것은 저 아래 구름밭으로 던져 버린다. 그저 무심한 마음으로 편안하고, 편안하니 감사하다. 그러나 문득 이 아득한 허공 속에서 나를 떠받들고 있는 것은 이 은빛 날개를 가진 기체일 뿐이라는 자각에 순간 가슴이 떨린다. 나의 생명이 속수무책으로 이 기체에 의지해 있는 것이다. 나에게는 전부라고 할 수 있는 생명인데 그 한계성과 무의미성이 물체처럼 손에 잡힌다.

어느 새인가 저 아래 짙게 깔려 있던 구름밭은 녹아 없어지고 이제는 푸르디 푸른 창공에 구름 몇 송이만이 한가롭게 떠돌고 있다. 그 경관은 옷깃을 여미도록 경건하게 아름다우면서도 허공의 깊이는 더욱 아득해진다. 나는 조용히 눈을 감는다.

"그래, 이 비행기가 지금 나를 하늘 가운데 떠받치고 있듯이 이 광막한 허무 속에서 내 삶을 떠받들고 있는 것은 무엇일까?" 이 근원적인 질문 앞에 나는 아무런 대답이 준비되어 있지 않다.

목숨 한 가닥으로 심연 위에 걸쳐있는 우리들의 인생이란 나그네로서 지구라는 혹성을 잠시 스쳐 지나갈 뿐이다. 까만 허공 속에서 한순간 빛났다가 스러지는 별똥별과 무엇이 다른가. 눈물겨운 것은 인간은 언제나 심연 위에 살고 있으면서도 열심히 일하고 사랑하고 창조하고 있다는 사실이다. 자기 선 자리를 돌아보며 아득해 하는 사람도 있지만 대부분의 사람들은 그저 열심히 앞만 보고 달려갈 뿐이다. 그것은 생명 자체 속에 있는 힘 때문인가, 아니면 생명을 떠받들고 있는 어떤 힘 때문인가, 어디로부터 온 힘이든 나는 그 힘 앞에 또한 경외감을 느끼지 않을 수 없다.

머리를 돌려 기내를 돌아본다. 더러는 잠을 자고, 더러는 영화를 보고 있고, 더러는 음악을 듣고 있고, 더러는 옆 사람과 이야기를 하고 있고, 더러는 잡지나 책을 뒤적이고 있다. 이들은 어떤 인연이 있어서 나와 한 비행기를 타고 있을까 생각하니 한 사람 한 사람이 예사롭게 보이질 않는다. 길게나 짧게나 나와 함께하는 공동운명의 사람들이 아닌가. 나는 그들에게 동지의식 같은 것을 느낀다. 나그네 길에서 만난 길동무들, 비록 대화를 나누지 않은 그들이지만, 길동무들이기에 나는 마음으로 따뜻한 미소의 인사를 보낸다. 그리고 다시 기내 잡지를 펼쳐든다. 다음 행선지를 궁리하며 대학시절에 배운 보들레르의 〈여행에의 초대〉란 시 한 구절을 떠올린다.

보라 저 운하 위에/ 잠들어 있는 배들을/ 방랑이 그들의 기질/ 너의 조그마한 욕망을/ 만족시키려/ 이 배들은 세계의 끝에서 몰려온다./ 저무는 태양은/ 들판, 운하,/ 온 도시를 물들인다./ 히야신스 빛깔과 황금빛으로/ 세계는 잠이 든다./ 뜨거운 황혼 속에,/ 그곳은 모두가 질서와 아름다움,/ 호사, 고요 그리고 쾌락.

〈여행에의 초대〉 그것은 퇴색된 우리의 꿈을 되살려 주고 마음에서 세월의 때를 벗겨내 주는 일이다.

인간의 이성, 태양이다

보물은 잃어도 이성은 잃지 말아야 하고 명예를 잃어도 이성을 잃지 말아야 한다는 말이 있다. 사람의 가치는 바로 이성에 있고 양심이며 윤리도덕도 이성의 기반 위에 있다는 말일 것이다. 이성이란 참과 거짓, 선과 악, 아름다움과 추함을 식별할 줄 아는 능력이 이성이라고 한다.

일찍이 데카르트는 모든 사람들이 출생 시부터 평등하게 갖고 있는 이성의 능력은 양식 또는 자연의 빛이라는 말로 표현을 했다, 이성은 어두움을 비추는 빛으로 상징되어 왔다. 그렇다면 이성과 대비되는 것은 광기라고 볼 수 있을 것이다.

이 시대를 살고 있는 사람들은 너나없이 말을 한다. 권력이나 돈, 명예가 없이 평범한 서민으로 살아가기가 어렵고 힘든 시절이라고, 결코 틀린 이야기는 아니다. 돈이나 권력, 명예가 없으면 세상살이 고달파 맥을 못 추는 인생이 된다. 반면 셋 중 하나만이라도 있으면 잘난 사람으로 인정을 받고 인간 대접 받으며 신바람 나는 세상살이를 할 수 있다고들 여긴다.

그래서일까, 요즈음은 태양 같은 빛의 이성을 돈과 교환하고 이성을 던지고 명예나 권력을 사는 사람들이 부쩍 많은 것 같다. 보물을 잃어도 이성을 잃지 말아야 한다는 말은 이제는 먼 옛날의 전설처럼 되었다. 이성을 저버리고 욕망을 추구하는 광기로 자신에 사로잡혀 자율성을 지킬 수 없기에 도덕적 문제가 끊임없이 발생하며 시끄러움이 떠나지 않는 고통을 안고 있는 사회가 되고 있다. 마치 빛나는 태양이 구름에 가리어진 것과 같은 이치다.

사람에게서 가장 귀한 것은 진실이다. 사람은 진실에 바탕을 두고 살아야 하는 것이 정도인데, 주변을 보면 이성을 상실한 덕으로 참이 배제된 잘난 사람으로 거듭난 사람들이 여기저기 넘쳐나게 많다. 그런데 우리는 그들이 떠벌리는 진실에 정체를 알 수도 찾을 수도 없다. 잘난 것은 분명 축복 받은 일이나 잘 난 척하는 것은 거짓의 몸짓이기에 오히려 복을 쫓아내는 어리석음일 수도 있는 것이다.

사람들은 자신의 인생에서 자아실현의 욕구를 가지고 있는 것은 삶을 사랑하는 이유에서다. 타고난 소질을 발휘하며 고뇌하는 정신을 바탕으로 영혼의 즐거움을 위해 창작활동을 하는 일은 가치를 창조하는 일에 해당한다. 그러므로 열정을 다해 가치를 창조했을 때, 그 성취감으로 사람들은 삶에 보람과 행복을 느낀다. 그러나 분수나 능력에 맞지 않게 과한 목적만을 위해 참담한 정신의 광기로 명예를 얻고자 꼼 수 을 쓴다면 상식적인 진실을 따르지 않은 일이였기에 삶의 참된 보람을 발견하지 못할 것이다. 선이 아닌 악, 참이 아닌 거짓으로는 행운을 잡았다 해도 따가운 세인들의 눈총을 피 할 수는 없을 것이다.

이성은 모든 행위의 기본이며 모든 판단의 기본이다. 인간의 인격은 태양처럼 빛나는 이성의 가치에 있다.

비록 가진 것이 없어 잘난 사람 축에 못 낀다 해도 진실을 따르는 사람, 선하고 착한 사람, 거짓 없는 참의 사람들, 이성적으로 사유하고 행동하는 그런 사람들의 삶이 잘 살고 있는 가치 있는 삶일 것이다. 그런 삶이 가치 있는 삶, 존경 받는 인생일 것이다.

다음 칸도 희망이다

새롭게 2015년의 달력을 건다. 나는 새해 첫날 벽 위에 새로 걸리는 새 달력이 좋고, 새해라는 단어가 좋다. 희망과 재생의 의미가 담겨져 있는 단어이기 때문이다. 어제까지만 해도 한 장 남은 달력이 마지막 잎새처럼 달려 조각난 꿈에 좌절하고 슬픈 기억들이 아픔으로 밀려와 가슴이 저렸다. 그런데 산뜻한 새 달력에 새 날들이 광채를 내뿜으며 벽 위에서 빛나고 있는 모습은 다시 빈 마음이 되어 생각 속에 흐르는 희망을 품게 한다.

새해의 시간은 새롭게 창조할 수 있는 신성한 시간이 아닌가, 아름다운 색채의 그림과 그 아래 또박또박 박혀진 삼백육십다섯 개의 숫자들 앞에 설렘으로 희망을 꿈꾸게 한다. 희망 없는 삶이란 하루살이처럼 내일도 없고 발전도 없기 때문이다.

신년을 맞는 사람들은 마음이 숙연하고 거룩하기조차 하다. 한 해를 여는 첫 시간 앞에서 자신들이 염원하는 꿈을 위해 365일 한 칸 한 칸 위에 희망의 나무를 심으며 그 꿈을 위해 간절한 기도를 드린다. 희망, 그것은 사람이 원하는 것을, 갖고 있지 않은 그 무엇이며 갖고 싶은 것이다. 사람이 많은 것을 가졌다고 하여도 모든 것을 다 가질 수 없기에 그 없는 것을 사람들은 동경한다. 희망이란 이렇듯 무에서 유로의 상념이고 욕구이다. 그런 근원의 욕구로 삶이 움직인다. 그러므로 희망은 삶을 움직이는 근원의 힘이라고 할 수 있다.

사람들은 꿈과 희망이 있어 산다. 다시 말해 희망이 없는 인생은 의미가 없다는 얘기다. 그러나 우리가 사는 이 시대에서 간절히 희망한다고 해서 그 희망사항이 다 이루어진다고 믿는 것은 절대 오산이다. 희망에는 공짜나 요행이 없고 장애물도 많기 때문에 오직 눈물과 땀이 따라야만 이루어진다.

오늘 어떤 희망을 심고 성실과 근면으로 성의를 다해 가꾸었느냐에 따라 결실의 만족은 달라질 것이다. 마땅히 내 분수와 노력과 처지에 맞는 희망을 심고 가꾸어 갈 때 보람과 기쁨을 거두겠지만 현실성 없는 어리석은 희망, 대책 없는 희망은 좌절감과 패배감만을 안겨줄 것이기에. 허황된 희망을 심어서는 안 될 것 같다,

희망이나 바람을 가질 수 없을 만큼 삶이 고달프고 힘들고, 절망이 도처에 포진해 있다 해도 희망을 놓아서는 안 될 것이다.

"내 비장의 무기는 아직 내 손안에 있다. 그건 희망이다." 라고 나폴레옹은 말하지 않았는가, 희망은 사람 속에 들어 있고 사람에게서 시작된다. 그래서 희망을 품은 사람은 그 자신이 희망이다.

새벽 바다처럼 고요하게 가라앉은 내 마음 물위에 떠오른 별처럼 희망의 빛들이 하나 둘 밝아온다. 청춘 시절에 품었던 거창한 꿈은 세월에 밀려 이제는 바람 빠진 고무풍선의 작은 공처럼 줄어들었다. 작은 꿈, 그것은 우주를 향한 것에서 좁게 아주 좁게 내 가족들에게 국한된 것이 되었고, 방대한 것에서 내 가까이 있는 이웃 주변으로 축소되어 버렸다.

나는 그 작은 꿈들을 사랑 하며 내일로 연결된 희망으로 내 가슴에 키우고 싶다.

새해에는 가슴이 따뜻한 사람들과 만나며 사랑으로 내왕하는 훈훈한 시간을 갖으며, 자주자주 감동하고 칭찬하며 많이 웃으며 건강하게 살고 싶다. 지금 서있는 내 자리에서 맡겨진 일들에 열심을 다하며 올바르게, 떳떳하게 살며 내가 살고 싶은 인생을 찾아갈 것이다.

꿈을 가지고 약동하는 생명, 생기 있고, 젊어지는 건강한 삶이 될 것이다. 새 희망을 심는 다음 칸의 새해, 힘차게 살아가며 마음에서 얻는 행복, 감사의 열매를 위해 전심전력의 노력을 아끼지 않겠다는 새해의 희망이다.

3

이 시대의 문학인들

제27회 해변문학제를 맞으며

시(poem)가 나에게 주는 것

이 시대의 문학인들

나의 수필 쓰기

지상강좌 Q&A

한국계 미국인, 나의 삶과 문학

제27회 해변문학제를 맞으며

해변문학제가 금년에 제27회째 축제를 맞게 되었습니다. 그 동안, 이 행사를 밀어 주시고 참여해 주신 수많은 분들의 끈기와 열정이 있었기에, 그 애정의 힘으로 지속될 수 있었음에 먼저 감사드립니다. 해변의 축제는 이 시대의 문인들과 교민들이 같이 하는 문학, 소통하는 문학으로 활기를 더해 가며 미주에서 한국문학이 그 영역을 넓혀가고 있습니다. 참으로 값진 일이며 또한 문학인들의 기개와 자부심이 넘치는 축제가 되었습니다.

어느 시대인들 삶의 질곡이 없겠습니까만, 특히 요즈음은 사회 인심이 각박하고 상대적 빈곤감으로 상처를 입으며 힘겨워하는 경우가 많습니다. 이럴 때일수록 사람들에겐 정서적 안정과 위안이 되는 것이 요구됩니다. 문학이 가난을 구제할 수는 없지만 위로를 드릴 수 있습니다. 문학은 세상을 긍정적으로 보고 즐겁게 사는 방법을 가르칩니다. 설사 인생 그 자체는 괴로울지 모르지만 모든 것을 긍정적으로 보고 살면 얼마든지 즐거운 삶을 영위할 수 있습니다. 그래서 문학은 즐거움을 사랑하는 학문, 애락의 학문이라고 할 수 있습니다. 애락이란 정신적인 즐거움을 말합니다.

정신적 즐거움은 영원성을 띠고 있기에 영혼의 울림으로 얻어진 감동은 정신적 내면세계에 깊숙이 각인되어 좀처럼 지워지지 않습니다. 문학은 정신적인 삶의 축을 이루는 아주 중요한 영역이기에 인생을 즐겁게 살기 위해서는 문학을 접하는 일이라 하겠습니다. 그런 의미로 문학의 위대함 속에서 새 힘과 위안을 얻는 잔치를 펼치게 되었습니다.

해변 문학축제는 이민의 생활 속에 문학을 가꾸게 하고 감동과 즐거움을 창출해 나갈 수 있도록 정신을 풍요롭게 하는 윤활유 역할을 해주는 축제가 될 것입니다.

특히, 이 행사를 위해 먼 거리를 마다하지 않고 초청에 응해주신 감태준 시인님, 채길순 교수님, 훌륭하신 선생님들과 함께 하는 문학축제에 정신문화 발전에 뜻을 같이 해 주시는 분들의 많은 참여를 간절히 주문합니다.

시(poem)가 나에게 주는 것

사람이란 밥만으로 만족할 수 없는 정신적 갈증을 가지고 있다. 정신적 행복을 누릴 때 사람의 삶은 보다 균형 잡히고 조화를 이룬 삶이 될 수 있는 것이다.

해마다 여름이면 해변가에서 문학인들의 문학축제가 열리고 그 축제에는 시에 대한 이야기가 담겨져 시와 대면하게 된다. 시인이 쓴 시를 독자가 읽었을 때, 이상하게도 읽는 이 자신의 심정 그대로라고 느끼는 데에 시인과 독자의 공감대, 서정이 일치가 확인된다고 할 수 있다. 시란 우리 마음속에 아름다운 이미지를 줄 뿐만 아니라 인생의 여유와 안목을 주며 마음에 빛을 보내준다.

어떤 사람이 아름다운 사람인가, 시를 읽는 사람이 아름다운 사람이라고 이야기하고 싶다.

내가 아는 천사 같은 여인이 있다. 그녀는 늘 시를 읽고 시를 줄줄 암송한다. 그녀의 영혼과 몸에서는 꽃향기가 풍겨나는 것 같다. 그런 그녀는 누구에게나 편안함과 행복의 위안을 줄 뿐만 아니라 길가의 작은 한 송이 풀꽃에조차 관심을 기울이는 섬세함과 애긍심을 지니고 있는 여인이다. 누구도 조금만 관심을 가지고 문학작품을 대하고 또 시를 읽어 본다면 시를 가까이 하는 생활이 얼마나 아름답고 기쁜 것인가를 스스로 터득할 수 있을 것이다.

사람이 사람을 사랑하는 동안은 너나없이 시인이 된다. 동서고금의 유명한 시들도 그 시인들이 사랑에 빠졌을 때 쓰여진 작품들이 대부분인 것을 보아도 알 수 있듯이 사랑하는 이가 생기면 세상은 온통 아름다워진다. 그러므로 시란, 사람의 마음을 아름답게 하는 것이며 아름다운 마음을 가진 사람의 가슴에 시는 샘물처럼 고이는 것이다. 사랑을 할 때는 한없이 솟아오르는 마음이 있어 시를 생각하게 되니 누구나 한 번은 시인이 된다.

나도 시 읽기를 좋아한다. 잠이 오지 않는 밤이나 허전한 가슴에 그리움이 몰려오는 쓸쓸한 날, 심한 회의와 자멸감마저 엄습해 울고 싶은 날, 수필을 쓰다가도 생각이 막혔을 때, 시집을 꺼내 내가 좋아하는 몇 줄의 시를 읽는다. 읽고 나면 마음이 정화되고 마음에 위안이 되며 생각의 샘이 풀려 좋은 글을 쓰게 된다.

나는 시를 잘 짓지는 못하지만 시를 사랑할 줄은 안다. 사랑하는 사람들의 마음속에 시가 흐르듯 내 마음에도 시정은 항상 살아 있다. 한 편의 시가 주는 기쁨으로 새로운 여유를 얻고 마음을 다스릴 수 있다면 그보다 더 바람직한 자기정화의 길은 없을 것이다.

죽는 날까지 하늘을 우러러/ 한 점 부끄럼이 없기를/ 잎새에 이는 바람에도/ 나는 괴로워했다/ 별을 노래하는 마음으로/ 모든 죽어가는 것을 사랑해야지/ 그리고 나한테 주어진 길을/ 걸어가야겠다/ 오늘밤에도 별이 바람에 스치운다

지금 우리 사회는 너무나 불의 부정한 일들이 많고 도덕적, 윤리적 타락이 심하여 치유가 요구된다고 한다. 이런 시점에서 위와 같은 시를 읽고, 암송한다면 윤리교과서보다 더 훌륭한 효과를 거둘 수 있을 것이며 참됨을 지향하고 아름다움을 사랑하며 착한 일들을 솔선수범하는 사람들로 사회는 건실, 건강한 사회가 될 것이다.

한 편의 시를 가까이하는 생활, 이것이 우리 생애에 큰 빛을 더할 수 있다는 것을 생각할 때 시를 읽는 사람이 아름답다는 말은 결코 가벼운 말이 아닐 것이다.

이 시대의 문학인들

해마다 여름이 되면 여러 문학 단체들이 마련하는 문학행사로 문인들의 여름은 뜨겁고 기개와 자부심이 넘친다. 문학인의 한 사람으로 문학은 어떤 의미가 있으며 사회적 역할은 무엇인가를 생각해 보게 된다. 시대의 흐름과 함께 그 해답은 다양하게 나타날 것이다.

문학은 모든 학문에 근간이다. 사람들은 문학작품을 통해 인생의 새로운 면을 배우기도 하고 아름답고 감미로운 문학 작품에 매료되어 감동을 받기도 한다. 그리고 문학작품은 그 자체가 낭만이고 지성의 상징이다. 문학은 인간을 이해하게 하고 사랑하게 하며 많은 것을 깨닫게 해주고 작품을 읽는 즐거움을 주기도 하고 자신이 미처 경험하지 못했던 세계를 대리 체험케 해주며 심성을 아름답게 가꾸게 해준다.

문학인의 사명은 사람들 마음에 예술의 꽃을 피워 주고 마음을 열어 작은 일에도 감동하는 순수한 가슴을 갖게 하는 데 있다. 감동이란 인간적인 따뜻함에 공감대 형성이 있을 때 가슴을 울리는 심정적 경험의 표출이다. 매사에 이기적인 계산이 앞서고 남에 대한 배려가 작은 이 시대에 감동하는 가슴을 되찾아 주는 것이 문학인들의 책임일 것이다.

어느 시대인들 삶의 질곡이 없겠는가만, 특히 요즈음은 인심이 각박하고 상대적 빈곤감으로 상처를 입으며 힘겨워 하는 경우가 많다. 이럴 때일수록 사람들에게 정서적 안정과 위안이 되는 것이 요구된다. 문학이 가난을 구제할 수는 없지만 위로를 드릴 수는 있다. 문학은 세상을 긍정적으로 보고 즐겁게 사는 방법을 가르친다. 설사 인생 그 자체는 괴로울지 모르지만 모든 것을 긍정적으로 보고 살면 얼마든지 즐거운 삶을 영위할 수 있다. 그래서 문학은 즐거움을 사랑하는 학문, 애락의 학문이라고 할 수 있다. 즐거움을 추구하는 것, 자칫 육체적인 쾌락으로 오해될 수도 있지만, 문학에서 말하는 애락이란 정신적인 즐거움을 말한다. 정신적인 즐거움은 영원성을 띠고 있기에 영혼의 울림으로 얻어진 감동을 정신적 내면세계에 깊숙이 각인되어 좀처럼 지워지지 않는다. 문학은 정신적 삶의 축을 이루는 중요한 영역이기에 인생을 즐겁게 살기 위해 문학을 접하는 일이라 하겠다. 그런 의미에서 이 시대의 미주 문학인들은 문학의 위대함 속에서 심성의 정화, 새 힘과 위안을 드리는 문학행사를 멈추지 않고 계속하고 있다.

문학인들이 펼치는 여름 문학의 축제에는 문학인들과 만남의 친화감, 교감이 있고, 이슬을 진주로 만드는 시가 있고, 빛나는 강사님들의 명강의가 있다. 문학행사의 취지는 고단한 이민 생활 속에서 문학을 통하여 우리 안에 숨어 있는 희망을 깨우며 다시 도전하게 하고 거칠고 황량한 시대에서 위로 받으며 감동과 즐거움을 창출해 나갈 수 있도록 정신을 풍요롭게 하는 윤활유 역할로 교민들 가슴에 문학의 향기가 번져 문학을 사랑하게 하는 일이다.

하루 하루의 반복되는 일상을 과감하게 내려놓고 눈송이처럼 날아와 감동하는 가슴을 되찾아 보는 문학인들의 잔치에 동참하는 일이 기쁘지 않겠는가.

사람이 온다는 건
실은 어마어마한 일이다
한 사람의 인생이 오기 때문이다.

—정현종 시 「방문객」 일부

나의 수필 쓰기

수필은 각자의 인생 경험을 바탕으로 한 개인의 감성, 지식, 사유를 통해서 재구성되는 고백의 글이다. 자신의 나상을 가장 인간적으로 정직하게 털어 놓아야 하는 점에서 수필쓰기는 마치 수행에 비교할 만하다.

나는 자유로운 시간을 가질 때마다 글을 쓴다. 일상에서 평범하게 지나칠 수 없는 대상들, 자연과 사람들, 모든 사물들과 교감을 느낀 대로 기록해 둔다. 이 습관들이 사물에 대한 예리한 통찰력을 길러 주는 것 같다. 또 섬광처럼 지나가는 영감들을 메모한다. 이러한 것들을 모아 내 글감 함에 보관해 두며 작품을 꽃피우는 작업이 되게 한다.

작품을 쓰기에 앞서 주제와 소재를 먼저 생각하고 제목은 맨 나중으로 미룬다. 주제와 소재는 유기적으로 얽혀 있기 때문이다.

무엇을 이야기할 것인가, 하는 의도가 정해져야 그 의도를 충족시키기 위한 소재를 생각하며 개성 있고, 감동적으로, 어떻게 형상화할 것인가를 고심한다. 주제와 소재가 선택되면, 며칠간을 생각하는 시간으로 보낸다. 이 과정은 글의 향기를 내뿜게 하기 위한 발효와 숙성의 시간이다. 주제와 소재에 관련된 충분한 지식과 작가의 철학, 사상이 내포되어 있어야 자신 있게 소화시킬 수 있기 때문이다.

백지에 초벌을 시작하며 서두를 써 나아간다. 첫 줄이 그럴듯하게 풀리면 뒤는 저절로 미끄러져 나갈 수 있으나 첫 대목을 쓰기는 결코 쉽지 않다. 서두는 독자를 끌어들이는 첫 관문이기에 마치 첫 인상같이 매우 중요하다. 서두에서 독자의 마음을 잡지 못하면 독자는 그 글을 외면하기 때문에 고뇌하며 혼신을 다한다. 작품에서 서두 못지않게 중요한 것이 마지막 결미다. 이 부분은 이별하는 뒷모습과 같기에 그리움과 여운을 남기며 감동을 불러일으켜야 한다. 또한 작가의 글 쓴 의도가 명확하게 표현되어야 하고 서두와의 일관성을 이루는 내용이 되어야 하기에 심혈을 기울이는 정성을 드린다.

대충 초벌의 원고가 끝나면 좀 더 문학적으로 승화된 향 높은 수필이 되기 위해 퇴고라는 마지막 손질, 즉 수정 작업을 한다. 그때 중요시하는 것은 불필요한 부분 삭제, 구성의 원칙으로 보태고 빼는 일, 문장의 단락이나 글의 순서가 바뀐 부분은 없는가, 추상적인 서술은 없는가, 품위 있고 매끄러운 문장인가, 같은 단어의 반복은 없는가, 전체적인 짜임새를 꼼꼼히 살펴 고친 후, 작품 내용에 맞는 제목을 붙이고 자판기를 두드리며 컴퓨터에 옮겨 저장할 때 내 수필은 한 송이 꽃으로 피어난다.

지상강좌 Q & A

QUESTION

수필을 많이 읽고 또 쓰고 있습니다. 그러나 사실 자체를 기록하는 것에서 벗어나지 못해 수기와 다르지 않은 수필, 문학수필이 되지 못하고 있습니다. 수필에서의 상징성에 대해 알고 싶습니다.

수필에서 상징성의 위상

필자 역시 오랜 세월동안 수필을 써왔지만 솔직히 고백하면 수필작품 쓰기가 갈수록 어렵게만 느껴집니다.

수필은 1인칭 주체라는 고백이 어느 문장에서나 드러나기 때문에 자칫 잘못하면 수기로 밀려 나기 쉽고 그 품위가 약화될 수 있습니다. 상징성은 표현이나 묘사를 직접적이거나 구체적으로 하지 않고 추상적인 말로 나타내는 방법, 즉 사물의 형태, 상황 그것에 대한 생각을 다른 것으로 끌어다 붙여 표현함으로써 효과를 높이는 기법입니다. 상징으로 표현하면 글쓴이의 사생활 노출보다는 독자는 작가와 대화 양식의 만남으로 이루어져, 저자의 문제 제시를 독자가 해답을 내리고 거기서 독자 자신만 새로운 효용성을 갖게 되는 독자 스스로 음미 해석하는 장점이 있습니다.

문학작품 속에서 원관념이 생략된 은유를 상징이라고 합니다. 역으로 은유는 상징에 원관념을 더한 작품이 됩니다. 상징으로 쓰여진 수필은 읽는 맛과 느껴지는 멋이 있습니다. 은유에 의해서 우리의 눈은 호수가 되고 모습은 천사가 되기도 하고 마음은 갈대가 되기도 합니다. 세상의 문법으로는 이해될 수 없는 논리의 축약을 은유를 통해서 당당히 드러내기 때문입니다.

아무리 훌륭한 내용과 주제의식이 있는 작품이라도 거기에 알맞은 문장 표현이 분명하지 않으면 글쓴이의 의도가 독자에게 정확하게 전달되지 못합니다. 그러므로 글쓴이가 나타내고자 하는 의미를 확실하게 하는 그 효과적인 수사법이 있어야 합니다. 문장의 성격에 가장 적합한 표현은 수사의 기교를 자연스럽게 물 흐르듯, 새로우면서도 정확하게 표현하는 게 문장의 기본적인 기능입니다.

수사법은 모든 글쓰기의 기술 방법에 해당하며 참신하면서도 적절한 의미 강조, 변화성 있는 문장의 표현으로 해서 글쓴이의 사상 감정을 효과적으로 나타내는 것을 말합니다. 특히 문장이 간결 명확하고 참신하면서도 적절한 표현법으로 일관성을 지녀야 합니다.

그런데 글쓴이의 사상 감정을 나타냈을 때 애매모호하여 여러 가지 의미로 분산되어 독자에게 작가의 중심사상이 전달되지 못합니다. 그렇기에 사상이나 개념을 연상시키는 보조관념, 사물, 말로 바꾸어 글쓴이의 의도를 구체적으로 형상화해야 합니다. 이러한 표현법을 상징법이라고 합니다. 상징은 역사적 현상을 초월하여 예술의 하나의 가능한 창작방향 양식 유형을 의미합니다.

상징법은 관념적이면서도 추상적인 사고, 정신세계의 원관념을 나타내지 않고 보조관념으로만 사물, 생각을 암시적으로 표현합니다. 이 표현방법은 모든 문학 장르에 다 적용되며 추상적인 관념세계의 함축성을 구체화시키는 장점이 있어 매우 중요합니다. 상징법만 제대로 알고 내용에 따라 잘 적용시킨다면 정감은 배가 됩니다.

상징은 암시성을 바탕으로 그 실체에 맞도록 분위기를 창출해야하기 때문에 단어 하나 자체만으로 의미가 강화될 수도 있지만 문장 전후 문맥 속에서 얼마든지 달라질 수 있습니다. 그러면서도 동일성, 다의성, 암시성, 문맥성을 지니고 비유의 체계를 뛰어 넘어 독자에게 자연스럽게 다가와서 최대한 의미를 확대시킵니다. 다시 말하면 어떤 구체적 사물인 보조관념만으로 또 다른 영역의 의미를 환기시켜 함축적 의미와 암시적 기능이 있습니다. 즉 독자들이 여러 가지 의미로 상상하게 하여 그 문학적 깊이를 더욱 세련되게 합니다. 그러나 잘못하면 난해할 수도 있습니다. 이걸 막으려면 글쓴이의 숨은 원관념의 세계와 보조관념의 사물과 일치할 수 있도록 상징성이 뚜렷해야 합니다.

상징은 인간생활의 모든 영역에 확장되는 생존의 기본이라고 볼 수 있으므로 인간의 사상 감정을 나타내는 문학에서 얼마나 중요한가 알 수 있습니다. 그러므로 상징은 수필장르에서 상징성을 필수적으로 알고 활용해서 문학적 형상화를 높여야 합니다.

수필 작품 속에 나타난 상징의 효용성에 대해 살펴봅니다.

촛불을 바라본다. 밤이 깊어가거나 내일을 위해 잠을 청해야 할 시간이라는 기존의 상념들을 머릿속에서 말끔히 털어버린다.

촛불만을 바라보며 녹아내리는 촛불과 열렬한 생의 의욕 같은 불꽃만을 바라볼 뿐이다.

이제부터는 자기답게 살고 싶다. 높은 학문이나 모든 사람의 갈채를 위해서 살지 말고 나다운, 나일 수밖에 없는 것에 나를 태우고 싶다. 남과 어두움을 위해서가 아닌, 공연한 허장성세가 아닌, 초로처럼 버렸던 나, 언젠가는 옛사람이 되어버릴 나를 위해 이 밤도 나는 촛불이 되고 싶다. 촛불이 되고 싶다.

— 윤재천 「촛불」 중에서

위의 글은 시적 서정적 수필입니다. 촛불은 제도적 상징으로 보통 자신을 희생하고 어두운 세상을 밝게 해주는 의미로 많은 사람들이 사용한 진부한 상징입니다. 그런데 작가는 나를 위한 촛불의 범위 내에서만 살아가고 싶어 합니다. 그런 날 밤에는 촛불을 켭니다. 그것은 자연, 원시, 때 묻은 지난 시간, 고통도 아름답고, 겸허해지고, 순수해지고, 나를 발견하고 촛불의 가련한 광채 등, 모든 상념들이 사라져버리고 자기를 위해 타는 나를 위한 것이 촛불이라고 봅니다. 즉 저자는 촛불의 상징적 의미를 자기를 위해, 자신의 진실을 위해 태우는 정열의 사람이 되고 싶다고 개성적으로 형상화 했습니다. 이처럼 상징은 촛불이라는 보조관념만의 사물로 글쓴이 자신의 내면세계의 진실을 구체적으로 나타냄과 동시에 그 문장의 흐름이 가락을 타고서 시적 여운으로 풍성한 서정적인 감흥을 불러일으켰습니다.

수필에서의 상징성은 자기 자신의 내면적인 고백체를 표현하여 그 의미를 분명히 함과 동시에 독자 나름대로 다의적으로 이해하는 효용성이 있습니다. 다시 말해서 상징적인 보조관념이 글쓴이 자신의 내면세계일 수도 있고, 독자 나름대로 자기 자신의 생활과 철학과 예술일 수도 있는 공감대이기도 합니다. 수필 작가는 자기 자신의 고백에서만 끝나는 게 아니라 독자와 함께 하는 삶이요 철학이요 예술입니다. 수필에서 상징은 모든 문학 장르를 포용합니다. 그리고 짧은 길이의 형식이고, 어떤 문제의 정답을 내리지 않아도 독자는 자의적으로 해석하여 그 의미가 확장되기도 합니다. 수필에 있어서 상징의 위상은 중요한 위치를 차지합니다. 빠른 속도로 이해하여 생각하고 느끼는 동시에 그 느낌의 여운이 길게 남게 됩니다.

문학적인 수필을 쓰려면 모든 장르를 이해하고 그 표현법에 따라 다양하게 습관적으로 써 보아야 합니다. 특히 상징법을 정확히 사용하여야 글쓴이의 사상 감정의 여운이 깊게 남고 수필의 문학성이 확고히 자리매김할 것입니다. 그러므로 수필에 있어서 상징성은 모든 글을 내포하는 표현법으로 가장 중요하다고 볼 수 있습니다.

※ 참고서적 : 윤재천 ≪수필학≫

한국계 미국인, 나의 삶과 문학

제1의 고향

인간에게 고향이란 태어나고 자란 곳을 말한다. 그 고향에는 추억을 공유할 수 있는 정든 사람들과 자연 풍경들이 있다. 추억이 있는 정든 땅이기에 고향을 떠나 사는 사람들의 가슴 한 구석에는 언제나 고향을 그리워하며 잊지 못해 하는 마음이 남아 있다.

나는 평북 신의주에서 출생해 여섯 살까지 유년의 시간을 할머니의 무제한 사랑 속에서 보냈다. 내가 첫돌을 지내자 아버지는 병환으로 돌아가셨다고 한다. 가장을 잃은 집안에는 자식을 잃고 애통해 하시는 할머니와 청춘에 미망인이 되신 어머니, 독녀가 된 어린 딸, 세 여자만이 남아 서로 의지하고 살았다.

가장 부재의 극한 상황 속에서도 삶을 멈출 수 없었던 어머니는 식구들의 생존을 위해 온갖 고생을 마다하지 않으셨다고 한다. 그 시절 어머니는 노동일에 불려나가 일을 하셔야만 했고 노인인 할머니와 어린 나는 집안에 단 둘이 남아 어머니를 기다리며 하루를 보내는 생활이었다.

할머니는 손녀의 친구가 되어 주시며 공기놀이, 소꿉놀이 고무줄놀이를 함께 해주셨다. 그러다 손녀가 놀이에 싫증을 내면 내 손을 잡고 압록강 강둑으로 나가 강바람을 맞으며 생전의 내 아버지의 이야기를 들려주시며 아버지가 없어도 당당하고 바르게 살아야 한다는 말씀과 까마귀 싸우는 곳에는 백로는 절대 가서는 안된다는 말씀을 교훈처럼 일러주시곤 했다.

그러나 내 안에는 아버지의 존재가 없다. 그가 없음으로 내 안에 존재하기에 그리움도 없다. 월남하기 전날 어머니를 따라 아버지 산소에 하직인사를 드리러 갔을 때, 인기척이 없는 고요하고 적막한 산중에서 까마귀의 요란한 울음소리가 무서워 머리카락이 온통 하늘로 치솟던 기억과 초록 풀에 덮인 둥근 무덤만이 아버지에 대한 기억의 전부일 뿐이다.

새로워질래야 새로워질 수 없는 환경에서 살고 있다는 것은 절망스런 일이였다. 어두운 밤 산길을 헤매듯이 희망이 보이지 않는 이 땅을 떠나야 한다는 할머니의 권유에 따라 우리 가족은 이북

땅을 탈출하기 위해 봇짐 하나씩을 챙겨 안은 채 손에 손을 잡고 안내자의 뒤를 따라 심야에 산을 타고 38선을 넘어 월남을 했다.

우리는 실향민인 셈이었으나 지금 와 생각해 보면 딱히 실향한 것이라고 할 수는 없다. 북녘 땅 신의주는 내 어린 유년의 추억이 있는 나의 제1의 고향이기 때문이다.

제2의 고향

자유를 찾아 월남한 우리 가족에게 서울은 높고 단단한 벽이어서 서울에서 정착하기란 그야말로 가도가도 끝이 없는 사막의 길이었다. 한동안 바늘방석 같은 친척 집에서 더부살이를 하며 눈물의 밥을 먹었을 때 타향살이의 서러움을 경험했다.

하늘의 도움으로 어머니가 직장을 구한 후, 우린 단칸방을 구해 이사를 하며 우리 가족만의 따뜻한 공간을 마련하게 되어 행복한 감사의 나날이었다. 서울 생활에 안정을 찾으며 나는 초등학교에 입학한 학생이 되어 날개를 달고 하늘을 날으는 것처럼 행복했으나 우리의 현실은 언제나 지향하는 것을 배반한다.

그 무렵. 6·25가 터지며 인민군의 남침으로 학교는 무기휴교 조치가 내려졌다. 서울 시민들은 서둘러 피난길에 오르며 남쪽 어디론가 떠나들 갔지만 딱히 갈 곳이 없는 우리 가족은 서울에

남아 전쟁을 목격하며 지하 방공호로 몸을 피해 구사일생으로 목숨을 건졌다. 다시 1·4 후퇴가 있었다. 그때 우리 가족들도 피난길을 떠나 경상도 대구에 도착했다. 낯선 지방에서의 피난살이는 결코 만만치 않아 좌절의 늪에 빠지게도 했지만 살아남아야 한다는 일념으로 우리 가족은 내일의 희망의 끈을 놓치지 않았다.

피난살이 1년 만에 자나깨나 손녀딸의 앞날을 걱정하시던 할머니가 박복하고 한 많은 생을 마감하시며 숨을 거두셨을 때 우리 모녀에겐 청천벽력이 아닐 수 없었다. 나는 할머니의 시신 앞에서 인간의 정체를 다 알아버린 듯한 허무감과 6·25전쟁의 참사, 떼죽음의 현장을 지켜본 아픔과 슬픔의 허망함을 어린 나의 뇌리에 지울 수 없는 상흔을 남겼다.

할머니를 떠나보낸 아픔을 가슴에 묻고 우리 모녀는 어머니의 직장을 따라 마산으로 거처를 옮겨갔다. 그곳에서 나는 초등학교를 졸업한 후, 중학교에 입학했고 이성에 눈뜨기 시작하는 사춘기 소녀시절을 보냈다. 중3으로 올라갈 무렵 서울로 환도한 우리 모녀는 서울 시민이 되어 영등포에서 제2의 고향을 만들어갔다. 전후의 변두리, 전쟁의 상흔이 남아 있는 서울의 생활은 모두가 끼니를 걱정해야 하는 시대였으나 내 어머니는 모진 풍상을 겪으시며 애물단지인 딸자식을 위해 밤낮없이 일을 하셨기에 밖에서 활동하시는 시간이 많았다.

텅 빈 집엔 언제나 혼자였던 나는 따뜻함을 그리워하며 성장했다. 혼자의 시간, 외로운 시간을 견디기 위해 나는 문학서적들과 벗했고, 내 내면의 외로움을 백지 위에 감상적인 글로 토로해 내며 외로움을 풀어냈다. 여고시절 문예반 활동을 시작한 것도 그리움과 외로움에서 출발된 것이다. 글쓰기는 내 외로움, 내 그리움, 내 슬픔을 어루만져 위로해 주며 나를 외로움에서 건져 주었다. 많은 작가들은 자신의 상처를 문학의 화두로 삼으며 그 상처를 푸는 방법으로 문학을 택한다. 아마 나 역시 그런 이유가 내가 문학을 하게 된 계기가 된 것이다.

문학에 매료된 나는 남녀공학의 영문과를 선택해 대학에 진학을 했고 대학 4년 동안은 시를 쓰고 산문도 쓰며 종종 대학신문에 발표도 했다. 계절 따라 열리는 시화전이나 문학의 밤 행사에도 빠짐없이 참석하는 기쁨을 누렸고, 선후배 문학도들과 인생과 사랑, 문학에 대해 끊임없는 토론을 나누며 활기차고 내용 있는 시간을 보낸 대학시절은 내 젊음의 절정기였다.

그러나 삶은 자신이 가고 싶은 길을 가도록 놓아 주지 않는 강한 저지의 바람이 있다. 홀어머니의 소망을 배신하는 불효를 해서는 안 된다는 결단이 문학을 향한 내 꿈을 접게 했고, 한 남자를 만나 그의 아내가 되고 세 딸들의 어머니가 되어 여자의 삶을 살게 했다.

수절 과부의 한 생애가 밑거름이 되어 내 인생에 꽃을 피워 주신 모정의 힘이었다.

Korean American(한국계 미국인)

60년대 한국은 가문에 대를 잇는 남아 출생을 선호하는 문화였다. 그런 시절에 아들을 낳지 못한 여인들은 아들을 포기하지 못한 채 내리 내리 출산을 하다 일곱 공주의 딸들을 둔, 딸 부잣집들이 많았다. 나는 셋째 딸을 분만한 후, 내 생애의 선물로 주신 진 , 선, 미, 세 딸들을 예쁘게 키워야겠다는 결단으로 임신중절 수술을 받았다.

남편의 대가 끊어졌다는 집안 어른들의 노여움과 한숨이 깊어 갈 무렵 정부에서는 이민을 장려하며 이민의 문을 열었다. 나는 아들, 딸 차별이 없는 미국을 동경하며 1974년 이민의 바람을 타고 보장된 약속도 없이 아메리칸 드림을 품고 제1의 고향을 떠나왔듯이 제2의 고향, 한국을 떠나 태평양을 건너 난생 처음 보는 이국 땅에 내려앉은 이민자가 되었다.

화초도 장소를 옮기면 몸살을 앓는다고 하는데 하물며 사람인 내가 언어와 문화가 다른 곳에 이주해 왔으니 이민 초기에 겪은 삶의 고난을 저 하늘의 구름만은 알고 있었을 것이다.

처음 찾아간 직장은 한국인이 경영하는 바느질 공장이었다. 그곳에서 6개월간의 육체 노동일은 고되고 고되었다. 생계는 유지할 수 있었으나 비전을 향한 어떤 기미도 보이지 않아 그 직장을 그만두며 노동일을 끝냈다.

직업을 찾기 위해 매일 신문을 뒤적이다가 휴즈 항공사(Hughes Aircraft)의 조립공(Assembly)의 구인 광고를 발견하고 영어사전 한 권을 들고 휴즈 항공사를 찾아갔다. 절실함이 용기가 되어 미지의 세계를 향해 돌진한 행동이었다.

이력서를 제출하고 로비에 앉아 인터뷰를 기다리고 있었을 때, 대형의 체구를 가진 흑인 남성이 다가와 인사과장 Mr, George 라고 자신을 소개하며 따라 들어오라고 했다. 그의 사무실에 들어서는 순간 그는 유창한 한국말로 반갑다고 악수를 청하며 편히 앉으라고 하는 게 아닌가. 기적 같은 일이 벌어진 것이다. 미국 땅에서 내 나라 말을 그것도 외국인에게 듣는 순간 나는 놀라움으로 입을 다물지 못했다.

죠지는 오랜 친구를 만난 듯이 인터뷰를 해야 하는 일은 제쳐놓고 자신의 이야기를 들려주는데 열중했다. 군인시절 한국 평택에서 보냈으며 한국 애인과 오랜 세월 동거했다는 것, 한인들의 훈훈한 정, 특히 김치 맛을 잊을 수가 없다는 것, 아직도 가슴 안에 옛 애인의 존재가 그리움으로 남아 있다는 것, 한국에 다시 한

번 가고 싶다는 것, 대충 이런 내용들의 얘기를 끝내고는 내일부터 출근하라며 환하게 웃는 것이 아닌가.

죠지를 만나 그의 지난 과거사를 잠시 경청했을 뿐인데, 그가 사랑한 여인과 동족이라는 이유로 그는 또 다른 나의 생을 시작할 수 있는 기회를 열어준 구세주였다.

입사 후, 처음 접하는 동양인이 하나도 없는 신세계 속에서 생소한 일들을 배워가며 나는 실수투성이였다. 영어가 서툴러 구체적인 이해나 설명이 되지 않아 답답한 상황에 부딪칠 때마다 죠지가 통역으로 나서 소통시켜 주었고 시간이 가면 잘할 수 있다는 위로와 격려도 잊지 않았다. 그 당시 죠지는 내가 가진 든든한 보험 같은 존재였다.

살아간다는 것은 자기실현을 위한 꾸준한 노력이 아닌가. 내게 맡겨진 일들은 정부의 일이어서 기밀사항이 많았다. 특히 군(Military)을 위한 우주공학 부분이었고 기밀이 아닌 부분은 전화, 셀루러폰, 레이더 시스템 등 통신위성용 전자직행파고 TWT(Training Wave Tubes)를 만드는 일이었다.

꿈을 실현하기 위해 나는 타임이란 타임은 다 뛰면서 마치 일에 중독된 사람처럼 열정을 불태웠다. 직업에 대한 책임감이 높다는 평가를 받으며 우수사원으로 인정을 받게 된 것은 시간이 해결해 준 노력의 대가였다. 그 시절만 해도 Korea(한국)를 모르는 대부분의 백인 동료들 사이에 한국여자 영 김(Yong Kim)의 존재를 드러내게 된 것이다.

경제의 불황속에 휴즈 항공사(Hughes Aircraft)는 같은 계통의 보잉사(Boeing)가 인수를 했다.

그때 Larry Toy라는 상관을 만난 인연은 행운이었다. 나를 미국 주류사회에서 직장인으로 활동하며 성공적인 이민의 삶을 살아낼 수 있도록 배경이 되어 준 보배로운 은인이다. 래리는 중국계 3세로 자신의 나라말인 중국말도 할 줄 모르는 미국인이었지만 얼굴만은 동양인이었다. 그는 부모님의 이민의 삶을 통해 누구보다도 이민자의 설움을 잘 아는 사람이어서 나에 대한 배려가 남달랐다.

특별한 기술을 내게 가르치게 했고 야간대학을 다니며 기술(Skill)과 커뮤니케이션(Communication)을 공부할 수 있도록 알선해 주었다. 나는 전문교육을 받으며 발전했다. 어셈브리(Assembly) 직업에서 테크니션(Technician)으로, 다시 엔지니어 테크니션(Engineer-Technician)으로 직책이 바뀌며 회사에서 유능한 기술자가 되었다.

휴식을 모르는 근로의 결과로 토랜스(Torrance) 지역, 레돈도 바닷가(Redondo Beach) 근교에 그림 같은 집을 마련했고, 1980년에 한국 국적을 포기하고 미국시민이 되어 한국계 미국인

(Korean American)이 되었지만 한국에서도 미국에서도 어색한 사람 정체성이 애매한 존재가 되었다.

삶의 기반을 닦고 American Dream을 이뤄낸 성취와 보람으로 여유롭고 평화로운 일상의 연속이었으나 마음은 점점 방황하는 집시처럼 고단하고 공허해졌고 어떤 영혼의 갈망에 흔들렸다.

잃어버린 귀중품을 찾듯이 방황하며 찾아낸 것은 내 안에 숨어 있는 모국의 언어들이었다. 글을 쓰는 일, 그것은 버린다고 버려지는 것이 아님을 깨닫고 1990년 한국문단에 등단을 하며 문학의 정원 안으로 들어섰다.

등단의 기분은 문학의 열정을 다시 거세게 일으키는 원동력이 되어 문학 활동을 펼치는 새로운 열정의 시기를 맞게 했다. 더 나이가 들기 전에 다른 새로운 일들을 시도해 보고 싶어졌다. 직장에 은퇴를 통보했을 때, 모두들 은퇴 소식에 놀라 만류했으나 나는 32년 근속한 직장이란 배에서 하선을 하며 명예로운 퇴임을 했다. 문학이 내 삶을 변화시킨 것이다.

지난날을 회상하면 만감이 교차한다. 이민의 삶을 살아오면서 은혜로운 일을 경험한 일은 적지 않았으나 이제와 깨달으니 '여호와 이레'로 하나님께서 내 이민의 인생을 예비해 두셨던 것이다. 고마운 그 사랑에 감사의 눈물이 난다.

이민 문학

문학은 삶의 이야기를 고백하는 행위의 자기표현이기에 해외 작가들은 다문화의 삶속에서 경험한 애환이나 성공, 실패, 그리움, 외로움, 세대 간의 갈등, 에피소드, 인종차별 등 참을 수 없는 버거움을 배설하는 것들이 이민문학의 배경이 되는 화두다. 그런 면에서 이민문학은 자전적인 문학에 가깝다.

그러나 삶이 언제나 변화 속에 새로운 것이듯, 이민문학도 달라져야 할 것이다. 신변적, 개인적 한풀이나 넋두리의 수준에 머물렀던 고백의 작품들이 상상을 통해서 사상과 감정을 아름답게 표현하는 숙성하는 문학이 되어야 할 것이다.

나는 왜 이민문학을 하는가, 외롭기 때문이다. 글을 쓰는 일은 외로운 사람들의 몫이 아닌가. 내 글은 모두 외로움의 소산이다. 모국어의 단어 속으로 뛰어들 때, 문학은 진정한 삶에 다가가는 치유를 느끼게 했고, 세상을 넓게 살도록 해주며 사랑을 지니는 가슴을 가지게 했다.

문학은 내 삶의 한 양식이다. 살아있음을 확인할 수 있는 유일한 의례다. 이제 남은 시간에 기대어 글 쓰는 일을 즐겁게 할 수 있는 나는 행복이며 축복이기에 정년이 없는 창작문학, 이민문학의 길을 담담히 가고 있다.

〈 작가노트 〉

이 작품은 어느 문학지에 청탁을 받고 쓴 작품이다.

처음엔 망설여지는 마음이 앞섰다. 지나온 내 생애의 속사정을 드러내야 한다는 부담감으로 쉽게 쓸 수 없었다. 그러나 한 편 내 삶의 이야기를 바로 나 아닌 누가 쓸 수 있겠는가 하는 생각에 미치자 지나온 내 인생 발자취를 돌아보며 담담히 쓴 내 삶의 이력서와 같은 작품이다.

산다는 것은 결국 무엇인가 이룬다는 것이다. 그것이 세상에 태어난 보람일 것이다. 나는 생존하기 위해서 내게 처해진 환경에 적응하며 무엇인가 이루기 위해 전력을 다하여 성실하게 살아왔다. 내가 이룬 것들이 남들이 보기에는 보잘 것이 없다고 해도 내 자신이 이룬 성취에 만족하고 감사하니 행복한 삶이다. 내 삶의 이력이 때때로 나를 감격시킨다.

4

숲의 향기를 찾아서

신을 닮으려는 사람들

부채와 손수건의 의미

꾸준히 쓰는 작업

잊혀지지 않는 문인

치열한 작가정신을 주문합니다

신을 닮으려는 사람들

—수향 제자들에게 (1)

한 학기 동안 선생님들과 함께한 시간, 참으로 즐겁고 행복했습니다. 교육자가 아닌 작가의 부실한 강의를 경청해 주신 선생님들께 고마운 마음입니다. 경청이 없는 강의는 의미 없는 강의였을 것입니다.

작가는 칠흑과 안개를 향해 왜냐고 묻는 사람입니다. '왜'라는 질문이 없으면 문제는 없거나 종결되었음을 뜻합니다. 따라서 문학도 종결되는 것입니다. 문학의 골자는 어떤 작품에서든 갈등과 모순, 운명과의 싸움이 전개되는 것입니다.

요즘 취미로 문학을 한다, 여가로 문학을 한다는 사람들이 상당수 있고, 교양을 쌓는다는 뜻에서 나쁠 것도 없지만, 유한마담의 보석반지처럼, 문학을 생각해도 안 되고 난장판 떨이를 외쳐대는 장사꾼 같은 문인들이 있어도 안될 일입니다.

현실에서의 모든 대상은 그 하나하나가 미지의 세계입니다. 작가는 그 숲을 헤치고 들어가서, 끝없이 헤치고 들어가서, 그래도 만나지 못하는 것에 대하여 수필이란 형식을 빌려 추상적인 대상을 만들어 보는 것입니다. 그것은 소망이며 또 꿈이며 미래입니다.

자기 자신의 마음으로 자기 자신의 눈으로 세상을 보고 자기 주변을 보아야 합니다. 재탕은 예술이 아닙니다. 천편일률적인 틀에서 빠져나와야 합니다.

선생님들은 아직 맑은 감성을 가지고 있으리라 믿습니다. 정직하게 정확하게 사물을 보시는 견자가 되십시오. 상품은 기술이고 문학은 창작입니다. 창조는 새로움이며 새로움으로 향한 모험이라야 합니다. 창조주가 억조창생 모든 것을 지으실 때 같은 것은 아니 만들었습니다.

프랑스 작가 모리악은 작가를 두고 신을 닮으려는 사람이라고 했습니다. 혼자만의 시간 속에 고뇌하며 신을 닮으려는 선생님들의 글쓰기 작법에 열정을 쏟아 미래를 열어 가시기를 바랍니다.

뵙지 못하는 동안도 건강 챙기시며 기분 좋은 날들로 편안하십시오. 감사합니다.

(2013. 1. 22)

부채와 손수건의 의미

—수향 제자들에게(2)

선생님들과 동행한 3개월의 시간은 행복했습니다.

풍금처럼 아름답게 울리는 좋은 글을 따라 쇠처럼 굳어지고 무딘 가슴을 찢으며 함께 고뇌한 항해의 시간이었습니다. 이제 항해를 마치고 항구에 무사히 도착했음을 감사드리며 그간 문학의 열정을 품고 동승해 주신 수고에 마음의 선물로 '부채'와 '손수건'에 의미를 담아 고마움을 전합니다.

부채는 여름을 서늘히 식혀주는 위안이며 생활에 청량감을 안겨줍니다. 부채는 인공적인 바람이 아니라 나뭇잎 사이로 스며드는 자연의 바람으로 피부에 느껴지는 정감이 있습니다.

여름의 반려인 부채, 일으키는 바람에 마음까지 시원함을 얻을 수 있는 부채는 여유와 멋의 예술품입니다. 손쉽게 휴대할 수 있는 부채는 간편하고 부담이 없어 좋습니다, 햇빛을 가리는 데도 좋습니다.

사람들의 만남에는 여러 유형의 만남들이 있습니다. 가장 잘못된 만남은 '생선'과 같은 만남입니다. 만날수록 비린내가 묻어옵니다. 가장 조심해야 하는 만남은 '꽃송이' 같은 만남입니다. 피어 있을 때는 환호하다가 시들면 버리는 만남입니다. 가장 비천한 만남은 '건전지'와 같은 만남입니다. 힘이 있을 때는 간수하고 힘이 다 닳았을 때는 던져버리는 만남입니다. 가장 시간이 아까운 만남은 '지우개'와 같은 만남입니다. 금방의 만남이 순식간에 지워져 버리는 만남이기 때문입니다.

힘들 땐 땀을 닦아주고, 슬플 땐 눈물을 닦아주는 '손수건'과 같은 만남이 가장 아름다운 만남입니다. 만남이 순식간에 지워져 버리는 지우개 같은 만남이 아닌, 손수건과 같은 만남이 수향 선생님들의 만남이기를 소망해 봅니다.

즐거운 여름 보내시며 좋은 건강으로 편안하십시오.

(2014. 5. 21)

꾸준히 쓰는 작업
—수향 제자들에게(3)

초여름, 6월의 훈풍이 좋은 기분을 줍니다.

세월이 급물살처럼 흘러갔습니다.

3개월간 선생님들과 함께 했던 시간이 참으로 행복했었음을 감사드립니다. 작가는 꾸준히 생각하고, 꾸준히 쓰는 작업의 훈련이 있어야 귀한 열매를 맺게 됨을 기억해 두십시오.

여름을 즐기는 마음의 여유를 가지시고 건강하십시오.

그대에게

사람은 다양합니다

재능도 다르고 성품도 다르고 취미도 다릅니다.

다른 것은 틀린 것이 아닙니다.

다양성에 대한 이해는 공동체 정신의 꽃입니다.
이해는 사람과 용서의 출발점입니다.
오해가 있어도 세 번 자기를 빼고 생각하면
이해가 될 것입니다.

작은 이견 앞에서도 조급하게
화를 내는 자에게 지혜는 머물지 않고
행복도 머물지 않습니다.

진정한 행복은 현재의 친구를 존중하면서
새로운 친구를 만들 줄 아는
마음과 생각의 크기에 달려 있습니다.

사람 사이에 있는 사소한 차이를
배타와 편견의 구실로 삼지 않고
사랑과 이해의 도전으로 볼 때 행복의 샘은
바로 곁에서 넘쳐흐르는 것을 깨닫게 될 것입니다.

(2012. 6. 4)

잊혀지지 않는 문인

—수향 제자들에게 (4)

우리는 언제나 누군가에게 잊혀지지 않는 소중한 존재가 되고 싶어합니다. 그런데 그것이 일방적인 것이어서는 안 됩니다. 그가 내 이름을 불러 주듯이 나도 그의 이름을 불러 주어야 합니다. 누구나 서로에게 필요한 존재, 잊혀지지 않는 소중한 존재가 되어 주어야 합니다. 이렇게 서로가 서로를 절실하게 필요로 하는 인간관계가 성립될 때 비로소 여기에는 진정한 사랑이 있게 되고 그것이 삶의 이유가 됩니다.

김춘수 시인은 이 같은 인간의 존재양식을 〈꽃〉에서 나타냈습니다.

문인들이 글을 쓰고 발표하는 행위는 모두 이에 해당됩니다. 우리는 글을 발표함으로써 누군가에게 소중한 존재가 되기를 바랍니다. 자기가 그처럼 누군가에게 잊혀지지 않는 소중한 존재가 된다는 것은 이 세상 많은 사람들이 아무리 자기를 실망시키더라도 결코 자살하지 말아야 할 이유가 됩니다. 왜냐하면 자기가 독자들을 부른 것처럼 독자들도 그 작품을 통해서 자기 이름을 기억하고 항상 자기를 부르고 있기 때문입니다.

그런데 문인들은 독자의 얼굴을 모릅니다. 누가 자기를 기억해주고 자기 이름을 부르고 있는지 모릅니다. 그렇지만 이름을 모른다고 해서 그들이 자기를 잊은 것은 아닙니다. 좋은 글을 쓰는 이상 문인은 항상 남들에 의해서 자기 이름이 불리어지고 있습니다. 다만 중요한 것은 그렇게 자기 이름이 불리어지고 잊혀지지 않을 글을 자신 있게 쓰는 일입니다.

치열한 작가정신을 주문합니다
—수향 제자들에게(5)

참 빠릅니다. 벌써 한 해의 끝자락에 와 있습니다. 제 아무리 힘센 장사라도 세월 가는 것은 막아설 수는 없는 것 같습니다. 사회적으로나 개인적으로 참으로 많은 일들이 있었던 한 해였기에 12월은 감사의 기도로 나날을 보내야 될 것 같습니다.

선생님들과 문학으로 함께했던 시간들, 빼어놓을 수 없는 감사의 시간이었습니다.

일 년이 저물어 가는 이 시점에서 지나간 시간을 되돌아보며 나는 내 자신을 향해 무엇을 했는가 조용히 물어야 합니다. 분주하고 열심히 살았지만 만족한 소유가 없다보니 삶속에서 존재만 있었다는 쓸쓸한 자조가 들기도 하겠으나 치열한 작가 정신으로 글을 써 작품으로 그 흔적을 남겼다면 삶의 위안이 될 것입니다, 글을 쓰는 문인들에게는 작품 활동이 삶의 의미이며 에너지이기 때문입니다.

문학은 모든 학문의 근간인 동시에 정신적 삶의 축을 이루는 아주 중요한 영역입니다. 많은 사람들은 문학작품을 통해 인생의 새로운 면을 배우기도 하고 감미롭고 아름다운 문학작품에 매료되어 감동을 받기도 합니다. 문학작품은 그 자체가 낭만이며 지성의 상징입니다. 문학작품은 사람들에게 많은 것을 깨닫게 해주고, 작품을 읽는 즐거움을 주기도 하고, 자신이 미처 경험하지 못했던 세계를 대리 체험케 하며 정신을 풍요롭게 하는 등 윤활유 역할도 하며 심성을 아름답게 가꾸어 줍니다.

글을 쓴다는 것은 자신의 마음에 창을 통해 세상을 내다보는 작업입니다. 글쓰기는 사람을 만들어 가고 또 읽는 사람을 감동시키고 교화시킵니다. 이것이 문학의 힘이고 또 문학가의 사명입니다. 글쓰는 행위가 아닌 다른 일에 열정과 기운을 다 빼 쓰고 고상하게 쉬어가며 글을 쓰겠다는 수필가는 염불보다는 젯밥에 더 관심을 갖는 작태로 자신 스스로 자존감을 도태시키는 부작용을 낳게 됩니다.

좋은 문학이 우리 사회에 맥락되어 갈 수 있도록 고귀한 땀 흘림. 또는 피 흘림까지 동반하는 치열한 작가정신으로 창작에 임하시기를 다시 한 번 주문합니다.

5

나의 신앙, 나의 삶

아름다운 교회

그대는 축복입니다

다 이루었노라

새날을 받으며

감사하는 마음

누구를 위해 봉사하나?

달랑, 돈 500불

분별력

아름다운 교회
–창립 27주년에 부치는 축시

믿음의 공동체마다
아름다운 새순이 자라고 있다.

저 천상으로 향하여
들려오는 화음이 아름답다.

심은 대로 거둔다는 순은의 자취 속에
세움을 받은 일꾼들이
가을 절기에 열매 맺는 시간
땅을 일구는 농부는
26년의 역사에 사랑의 뿌리가 된다.

빠른 속도로 성장하는
우리의 터전에는
힘껏 뛰어온 흔적이 스며 있다.

일상의 틀로
희망을 만들어 내딘 이유에서
사방으로 빛을 발하는 것은
울려 퍼지는 복음이리라

은혜의 마당에서
서서 있는 나무에는
오래된 이야기 전설처럼 남아 있다.

그대는 축복입니다
– 미주개혁 신학대학교 졸업식 축시

파아란 하늘과 맑은 바람에
붉은 모란 꽃송이들 벌어지듯
신학과정의 꿈을 이룬
그대의 졸업을 축하합니다
오늘, 이 영광의 자리는
주님이 주신 은혜의 잔치입니다
신앙의 한 사랑, 나무되어
여린 가지 내밀더니
어느덧 굵은 줄기
꿋꿋이 드리우게 됨은
날마다 은총을
베푸시고 힘이 되어주신
감사입니다
나무와 열매를 위해
헌신의 생애를 기꺼이 사는 잎의
위대한 사명을

우리는 알고 있습니다.

사명자로서의 다짐들고
주님의 영광을 위해 쓰여질, 이 땅에서
그대는 겸손의 무릎이 되시고
기도의 무릎이 되시며 하늘의 뜻
널리널리 일깨워 주님 구원사역에
빛이 되시기를 기도합니다
그대의 삶이 행복하고 그대의 꿈들이
모두 다 이루어지기를 바라며,
그대의 믿음이 세세히 이어질
아름다운 유산이 되시길 바랍니다
우리의 마음은 언제나 주님이
그대를 인도하시고 사랑하시기를
기도합니다. 오늘, 빛나는 그대의 졸업은
축복의 선물이고, 그대는 축복입니다.

다 이루었노라

죄의 형틀, 우리대신 혼자 지시고
사지에 쾅쾅 죽음의 못 박히시며
얼굴과 뼈와 희디흰 살점 위에
우리 위해 쏟으시는 피와 땀의 폭포
당신의 사랑이여

하늘땅이 우릉우릉 무너져 내리는 광음
홀로 높은 죽음의 언덕 갈보리산 형틀 위에
엘리 엘리 엘리 라마 사박다니
우주 천지 울림 하던 눈물 피의 통곡
가슴 메어지게 울부짖는 골고다의 소리여

하늘은 진동하고 무덤 터지던 날
"나는 다 이루었다" 주님 음성 들리고
피 뿌려 뜨거운 사랑 심으니
갈보리 십자가는 붉게 붉게 피로 물들었네

의인 죽어 죽음에서 우리들을 살려내신 죽음
살려내신 살음 날
성전의 휘장 찢어졌어라

사탄은 승리에 취하고
해도 달도 칠흑이던 세상빛 지던 날
세마포에 묻힌 죽음은 돌문에 닫혔어라

반 때, 한 때, 두 때 음부의 밤이 드리우고
깊은 침묵 속에 피 뿌려 대신 탄생하는 사랑을 심고
고통으로 가신 당신 보혈의 사랑 앞에
주여! 주여! 외마디 울음 홀로 헤매어라

새날을 받으며

한 번도 쓰지 않은 365일을
새로 받았습니다.
새해 아침
밤의 장막을 사르고
성큼 다가오는 태양이
오늘은 더욱 크고 밝습니다
누구의 가슴에도
파도처럼 일렁이는 그리움
그 설레임의 환희입니다
주여,
올해에는 가슴마다 한 아름
꽃으로 가득하게 하시고
그리운 마음들을 견고하게 하소서
주여,
올해에는 닫혀진 마음들을
활짝 열게 하시고

믿으며 사랑하며
활활 타는 빛이 되게 하소서
비록 실패와 낙심으로
먹물 진 날들이 있다 해도
다시 시작하는 용기를 주옵시고
매일이 새로운
당신의 인자함을 누리게 하옵소서
이 해의 마지막 날,
살아 온 날들을
주님 앞에 펴보일 때
그 모든 날들 속에 숨겨진
주님의 숨은 손길을 깨닫게 하옵소서
주여,
새로 주신 하루하루
당신으로 인하여
행복하게 살겠습니다.

감사하는 마음

이 지구상에는 별보다도 더 많은 생명체들이 있다
그 많은 생명체들이 다 감사할 줄 아는 것은 아니다
오직 하나의 생명체만이 감사할 줄 안다
그것이 바로 사람인 것이다

성서는 인간에게 모든 일에 감사하라는
적극적인 방향을 제시해 준다
이 말씀은
하늘의 뜻을 알라는 뜻이고, 사랑을 알라는 뜻이다
이는 곧 내 앞에 적을 두지 말라는 뜻이다

감사하는 사람 앞에는 적이 없다
아무리 무서운 사람이라 하여도
감사하는 사람 앞에는 착한 사람이 되고 만다

감사하는 마음을 가지면 두려움을 모르고

감사하는 마음은 거만해지지 않도록 막아준다
감사할 줄 아는 마음은 조용하고 겸손한 인간을 만든다
감사하는 마음은 훌륭한 교양의 열매다

작은 감사는 큰 감사의 씨앗이다
별빛 주신 은혜를 감사하면
하나님께서는 우리에게 달빛을 주시고
달빛 주신 은혜를 감사하면
우리에게 햇빛을 주신다

현재 받은 축복을 감사할 줄 아는 사람은
내일의 행복을 발견한다
감사의 마음가짐은 자식처럼 즐겁고
행복한 일을 더 많이 끌어오는 힘이 있다

나의 하나님, 아브라함의 하나님,

이삭의 하나님, 야곱의 하나님께
감사의 마음을 갖는 것이 감사절의 정신이다
분수에 넘치는 과분한 축복을 주신 하나님,
그 은총에 감사를 드린다.

누구를 위해 봉사하나?

교회 봉사는 누구를 위해 하는 것일까?

어느 집사님은 주일 아침마다 일찍 교회에 와서 꽃꽂이도 해놓고 환경 정리를 아름답게 해놓곤 하였다. 그런데 그 집사님의 남편이 장로 투표에서 탈락이 되자 내가 교회봉사를 얼마나 했었는데 당신들 너무 한다는 원망의 마음이 들어 꽃꽂이를 비롯한 봉사 일체를 중단한 것뿐만 아니라 나중에는 교회까지도 다른 곳으로 옮기고 말았다. 어떤 장로는 건축을 시작한 목사님을 찾아와서 거금의 건축헌금을 선뜻 내놓았다. 목사님은 하나님이 보내주신 분이라고 기뻐하며 감사히 받아 교회 건축에 그 돈을 썼다. 광고 시간마다 그 장로를 칭찬해 주었으면 좋았으련만 목사님은 한 번 치하를 하신 후, 거금의 헌금에 대하여서는 일절 말씀을 하지 않으시자 생색을 내고 싶었던 장로는 자기가 낸 돈을 도로 돌려달라고 했다. 하지만 그 돈이 목사님의 수중에 그대로 있을 리가 없다. 장로는 교회사정을 봐서 반액만 받겠으니 그것만이라도 변상해 달라고 했다는 것이다.

이 두 이야기는 실화이다.

그들은 교회에 물질을 헌금하는 것이나 시간을 내어 봉사하는 것을 교인들 상대로, 혹은 사람들에게 인정을 받고 싶어서 했던 것이다.

창세기에 보면 인간이 하나님께 드린 예배의 맨 처음 시작은 카인과 아벨의 제사였다. 카인은 땅의 소산으로 제물을 삼아 드렸고 아벨은 양의 첫새끼와 그 기름으로 드렸는데 하나님께서 아벨의 제물만 받으셨다. 그것은 아벨이 믿음으로 하나님께 제사를 드렸기 때문이다.

예배란 뜻을 히브리인들은 "하나님의 얼굴을 뵙는다"라는 말로 인식하고 있다. 하나님을 만나러 가는 사람은 옷을 단정히 입고 기쁜 마음으로 가야 한다. 하나님을 위한 봉사라면 사람이 보거나 말거나 관계할 바가 아니다. 하나님께서 분명히 그 예배와 봉사를 받아주신다는 확신이 있기에 속이 상하지 않는 것이다.

예배 중 우리는 우리의 신분을 하나님께 공개한다. 나만 장군은 장군이란 신분만 가지고 하나님을 뵈려다 실패했으나 문둥이라는 신분을 드러내니 나음을 받은 것이다. 하나님은 너의 죄, 너의 아픔을 내게 보이라고 하신다.

우리의 수입에 십일조를, 감사를 감사헌금으로 또 교회봉사로 하나님께 보이라는 것이다. 그것은 나의 선을 하나님께 보이는 것이다. 그와 반대로 회개는 나의 악을 하나님께 공개하는 것이다. 그러니까 우리는 선과 악을 하나님께 공개해야 한다. 아담이 선악과를 먹은 뒤에 신분을 하나님께 감추어 나무 뒤에 숨었다. 인간은 죄를 지을 때 하나님의 얼굴을 볼 수 없게 된다.

교회는 하나님을 만나러가는 곳이다. 교회에서는 하나님의 관심을 끄는 데에 중심을 두어야지 사람의 관심을 끌려면 실패하고 만다. 그런 예배나 헌금, 봉사는 하나님께서 받으시지 않는다. 예배 속에는 고백, 말씀, 봉사, 봉헌, 이 모두가 하나님의 말씀에 기초를 두고 참 믿음으로 드리는 제사가 되지 않으면 자기 의로 드리는 제사가 되고 만다.

독생자를 우리에게 값없이 주신 그 크신 사랑 , 그 은혜에 감격하는 사람은 봉사를 하지 말라고 해도 저절로 일을 하게 된다. 그리고 하늘나라에 가서 그 보상을 다 받으니 결국 교회봉사란 자기 자신을 위하여 한다는 결론이다. 주님을 위해 전도하며 헌금하고 구제하며 봉사하는 것이 고스란히 다 자기에게로 돌아 올 테니 얼마나 고마운 일인가. 그것을 믿지 못하는 사람은 사람의 눈을 위해서 일하고 알아주지 않을 때 불평을 늘어놓게 되는 것이다.

교회봉사는 참으로 겸손한 사람들이 할 수 있는 일이다. 겸손한 성도들이 일하지 않을 때 교회가 어려움을 겪는다. 인간은 누구나 다 자기 나름대로 교만이 있다. 그것이 바로 사탄의 성격이다. 우리는 자기 스스로를 날마다 죽이고 또 날마다 자아와 싸워가며 이기는 기도의 생활이 있을 때 성령께 이끌리는 생활이 된다. 그런 사람만이 아버지의 뜻대로 사는 참 그리스도인의 모습일 것이다.

달랑, 돈 500불

사랑할 수 있는 것을 사랑하는 것은 누구나 다할 수 있다. 사랑할 수 없는 것을 사랑하는 것이 어렵다. 그 어려운 것을 해야 한다고 주님은 우리에게 본을 보이고 가셨다.

올해로 약 3년째 믿는 예수지만 그 차원에 도달하기는 아직도 한참인 나 최금녀이다. 그래서 아직 집사 자리도 못 딴 형편의 여종이지만 그래도 원수를 사랑해 보려고, 아니 뭐 원수까지는 아니다 치더라도 눈에 거슬리는 그 인간을 성경말씀대로 사랑해 보려고 애는 쓰고 있는 나 최금녀의 사랑의 대상은 내 여동생 남편, 윤상판이다.

윤상판, 그 자의 별명은 뻔뻔이다, 내 여동생이 그 인간 때문에 얼마나 지겨운 인생을 살아오는지 입술로 다 말할 수가 없다. 이 작자는 사랑을 받을 줄도, 또 사랑을 할 줄도 모르고 오직 돈밖에 모르는 인간인데, 내 동생은 그 인간을 지극히 사랑한다. 나는 그게 못마땅해 이런 핀잔을 자주 준다.

“너 싫다고 딴 기집하고 댕기며 속 썩이는 그 인간, 차라리 버려, 그 인간 돈 억수로 벌면 뭐해, 지 좋지, 너 좋은 일 한 번인들 해주던?”

“언니, 그 돈이 원수라니까.”

“듣기 싫어, 그 인간도 남편이라고 변명하고 자빠졌네.”

그런 다툼이 있는 날은 나 최금녀도 마음이 편찮아서 간단히 이런 기도를 할 수밖에 없었다.

“주님, 내 동생 그 불쌍한 것 어떻게 좀 해주세요. 남편, 그 뻰뻰이가 죽을병이라도 들면 정신 차리고 살는지 모르니 그렇게라도 해주시든가… 하나님 부탁합니다.”

그런데 잘 할 줄도 모르는 기도를 주님은 들어주셨음인지 그 윤상판이가 정말 죽을병이 들어서 조강지처 곁으로 기어들어 왔다.

“언니 큰일 났어, 우리 그이가 위암이래.”

“술을 말로 쳐먹었으니 그리되는 거지, 사필귀정이다.”

“언니두 사람이 죽게 되었는대두.”

그런 일이 있고부터 내 여동생은 병원은 물론이고 좋다는 약이란 약은 죄 구해다가 환자에게 먹였지만 아무 효험이 없었다. 간

호에 지친 내 동생은 환자보다 먼저 죽게 생겼다. 그렇게 되자 나도 급해졌다. 그렇게 기도한 것을 후회했다. 나는 다시 하나님께 기도했다.

"주님 제 입술을 용서하세요. 내 동생이 먼저 죽게 되었나이다. 동생 남편을 살려주세요. 살려서 다시 제비처럼 딴 둥지로 날아가 버린다 해도 그 사람을 그 병에서 놓여나게 해주세요."

그러나 나의 이번 기도는 도무지 소식이 없었다. 동생 남편은 점점 더 악화돼 갈 뿐이었다. 내 동생은 징징 울며, "언니, 그 사람 죽으면 나도 따라 죽을 거야." 한다. 복장이 터지는 기막힌 소리다. 부부란 저런 건가? 나 최금녀는 한번 실연하고 나서 그 쓴잔을 아직 마시느라 중년의 나이인데도 결혼 같은 건 안중에도 없다. 구혼을 해오는 남자도 없는 삭막한 형편이지만 설사 하자는 사람이 나타난다 해도 결혼 생각은 눈곱만큼도 없는 나인지라 내 동생의 그 몸부림은 참으로 내겐 놀랠 노 자다.

"못쓸짓만 골라 하며 네 속을 썩혔는데도 정말 모를 일이구나. 너 좀 모자란 맹추 아니니?"

"사랑할 수 없는 사람을 사랑하는 게 참사랑이랬어. 언니."

동생이지만 존경스럽다. 돌 같은 내가 예수를 믿게 된 것도 실은 동생 때문이었다.

"근데 언니, 나 부탁이 있어."

"알아. 그게 뭔 부탁인지, 마지막 방법을 써보자 이거지? 하나님께 맡기자는 거지."

"그래 언니, 하나님이 그를 사랑하셔서 병을 통해 깨지게 하시려는 거라고 생각 돼."

"그럼 데려가려무나 기도원에라도."

"언니가 도와줘."

"본인이 가겠대야 말이지."

"아냐, 첨엔 펄펄 뛰었지만 이젠 급하니까 지푸라기라도 잡고 싶은 심정인가 봐."

"그래서 나더러 어떻게 하라는 거니?"

"언니, 같이 가줘."

나 최금녀는 동생 청대로 셋이 같이 기도원에 가기 전에 그 윤서방에게 꼭 따져두고 싶은 게 있었다.

"윤 서방, 그동안 병을 고치기 위해 얼마나 많은 돈을 썼수. 하나님께 약속해요. 고쳐주시면 지금까지 쓴 돈의 두 배를 헌금하겠다구."

"감사헌금 말이세요? 아, 하구말구요 고쳐만 주신다면야 뭔들 못 하겠어요. 내 전 재산이라도 다 바쳐야지요. 걱정하지 마세요."라는 약속의 대답을 듣고 우린 기도원으로 향했다.

피골이 상접한 윤 서방의 모습은 정말 실오라기 같았다. 숫제 기도원 성전에서 기거했다.

나도 그를 그동안 미워한 걸 무릎 꿇고 회개했다. 흐르는 눈물은 비 오듯 했다. 나뿐이랴, 셋은 눈물로 목욕을 했다. 내 강팍함이 치료되는 날 기적이 일어났다. 윤 서방의 위암이 말끔히 고쳐졌다. 우린 할렐루야 춤추며 얼싸안고 울고 또 울며 감사했다. 셋은 다음날 집으로 돌아왔다.

그후, 내 동생 남편 윤상판이 감사헌금을 했다. 그런데 이럴 수가 '달랑 500불'을 한 것이다. 고쳐만 주시면 전 재산을 다 바칠 것 같던 그가 겨우 500불을 헌금했다면 누가 곧이 믿겠는가? 오리발치곤 너무도 빨갛다. 배은망덕한 뻔뻔이, 이 파렴치한 인간 윤상판을 유리컵처럼 박살을 내주고 싶은데 주님은 그래도 사랑하시라니, 나 최금녀에게는 사랑하는 일이 참으로 멀고도 어렵다.

분별력

주일 예배에 참석하기 위해 성전 마당에 들어섰을 때 보지 말아야 했을 광경을 불행하게도 보았다. '교회의 모습일 수 없는 교회의 모습에' 놀라고 그 사태를 지켜보는 일은 당황스러움을 넘어 부끄럽기 짝이 없었고, 다리가 후들거리고 심장의 맥박이 사정없이 뛰며 슬퍼졌다.

교회의 분쟁을 보는 일은 가슴 아픈 일이다. 더구나 싸운다는 일은 괴로운 일이다.

교회의 싸움은 '이슈싸움'으로 시작돼, '감정싸움'으로 고조된다. 처음에는 안건을 놓고 의견이 맞섰다. 그러다 다른 의견을 가진 상대방을 증오하면서 교인들 사이에 감정이 생기고 어제까지 다정했던 교우들이 마주치면 누구 편인가 탐색을 먼저 한다.

싸우는 사람들은 모두 멀쩡한 크리스천들이다. 각각 신앙도 있고, 이유와 논리 또한 나름대로 정연하다. 그러면 누가 잘했고, 누가 못했다는 것일까? 누구의 잘잘못을 가리기 전에 문제는 모두들 '네가'라고 상대방을 가리킨다. 교회 싸움은 '기도하며 싸운다'는 것과 상대를 '사탄 마귀로 정죄한다'는 데 심각성이 있다.

교회 싸움에서는 용서는커녕 결코 양보나 타협, 화해가 없다. 이웃을 네 몸같이 사랑하라든가, 원수를 사랑하라, 일흔 번씩 일곱 번이라도 용서하라는 성경의 가르침은 찾아볼 수가 없다. 그저 자신만이 옳다는 아집에 사로잡혀 전투적이 되어 버리는 것이 교회 싸움의 모습이다.

교회 싸움은 성도들이 대표로 뽑아준 대표들의 싸움일 뿐, 평신도들은 싸움이 표면화되어 본격화될 때까지 자세한 사정도 모르는 경우가 대부분이다. 하지만 고래 싸움에 새우등 터진다고 교회 싸움에서 치명적인 피해를 입는 것은 주님이 계신 교회와 평신도들이다. 그들은 자세한 영문도 모른 채 싸움에 휘말려 우왕좌왕하다가 치유될 수 없는 상처를 입고 교회를 떠난다. 이런 현상은 주님이 부탁하신 전도 사명에 찬물을 끼얹는 형국이다. 삶 속에서, 일상의 생활 속에서 믿음의 향기, 예수의 향기가 풍기지 않는다면 무미건조한 이민생활에서 다만 신바람을 불러오는 자기도취뿐일 것이다.

대표 직분을 가진 자들은 이성을 잃고 있는 것은 아닐까. 성도들의 귀중한 한 표의 의미를 정녕 헤아리지 못해 거룩한 성전에서 성도들이 보는 가운데 정치인들의 싸움을 방불케 하는 아름답지 못한 모습을 연출하는 것일까, 참으로 안타까운 노릇이다.

아무리 뛰어난 재능이나 지식, 신앙을 가지고 있더라도 무엇을 해야 하고 무엇을 하지 말아야 하는 분별력이 모자라면 꼴불견이 아닐 수 없다. 분별력이란 인간이 지닐 수 있는 최고의 지혜이며 미덕이다.

사람은 누구에게나 과오의 가능성이 있다. 미완성인 존재이기 때문이다. 누구나 잘못을 저지른다. 그래서 관용의 정신이 필요한 것이나. 산다는 것은 대화하는 것이다. 대화에는 마음에 문을 여는 너그러운 마음이 필요하다. 마음의 문을 열 때 말의 길이 트이고 문제가 해결되며 진리가 보인다. 대화는 이해를 낳고 이해는 화목을 낳고, 화목은 행복을 낳는다는 말이 그리운 날이다.

6

초록편지

Happy Thanksgiving Day
끝나는 고통, 끝없는 사랑
상처를 안고 여기까지 왔습니다
건강의 복을 주십니다
따뜻한 웃음으로 축복합니다
소나기가 내려야 무지개가 뜹니다
구름 위에 맑은 하늘이 있습니다
마음 밭에 기도의 물을 주세요
슬픔을 이겨내셔야 합니다
그대에게
몸과 정신을 병들게 합니다
왜 이리 과격한 시대입니까?
그럼에도 불구하고
붉은 장미를 보냅니다
제 본래의 모습으로 돌아오게 합니다
기다림은 먼 곳을 바라보게 합니다
상처는 아름다운 꽃입니다

Happy Thanksgiving Day

– 초록편지 (1)

독일의 신학자 본회퍼는 "감사함을 통해서 부유해질 수 있다"고 했습니다.

일본의 세계적인 부호이자 사업가이며 '내셔날' 상표의 창업자인 마쓰다시타 고노스케가 아흔넷의 나이로 운명하기 전에 "회장님은 어떻게 하여 이처럼 크게 성공하셨습니까?" 하고 묻는 한 직원의 질문에 답변한 말을 소개합니다.

"나는 세 가지 하늘의 은혜를 입고 태어났다네. 가난 속에서 태어났기 때문에 부지런히 일하지 않고서는 잘살 수 없다는 진리를 깨달았다네. 또 약하게 태어난 덕분에 건강의 소중함을 일찍이 깨달아 몸을 아끼고 건강에 힘써 지금 아흔이 넘어서도 30대의 건강으로 겨울철 냉수마찰을 한다네. 또 초등학교 4학년을 중퇴했기 때문에 항상 이 세상 모든 사람을 나의 스승으로 받들어 배우는 데 노력하여 많은 지식과 상식을 얻었다네. 이러한 불행한 환경이 나를 이만큼 성장시켜 주기 위해 하늘이 준 시련이라고 생각되어 늘 감사했다네."

이 글은 우리들의 삶을 뒤돌아보게 합니다. 우리들의 삶에서 가장 결핍된 것은 감사하는 마음이 아니었나 합니다. 결핍의식은 작은 일에 감사할 줄 모르는 인간으로 만들었습니다. “감사할 줄 알면 항상 풍요로워지고, 감사할 줄 모르면 항상 빈곤해진다.” 는 이 평범한 진리를 깨닫게 합니다.

작은 일에 감사함을 느끼지 못하면 큰일에서도 감사함을 느끼지 못합니다. 감사는 작은 물방울이 모여 내를 이루고 강을 이루고 바다가 되는 것과 같습니다.

감사할 일이 많다는 것은 그만큼 우리들의 삶이 기쁨으로 충만하다는 것을 의미합니다. 큰일보다는 작은 일에, 평온한 일보다 고통스런 일에 감사할 줄 알아야 될 것 같습니다. 우리의 인생이 물질을 통해서 부유해지는 게 아니라 감사함을 통해서 부유해질 수 있게 되기를 바랍니다.

끝나는 고통, 끝없는 사랑

– 초록편지 (2)

태양의 열기가 뜨거운 7월에 있습니다.

오늘 하루 어떻게 지내셨는지요? 차 한 잔 나누고 싶은 누군가를 그리워하며 지내셨는지요? 그리움이라는 아름다움은 사람과 사람 사이에 꽃 피는 것입니다.

가슴과 가슴이 만나는 일만큼 값진 것이 없기에 늘 생각나는 그대에게 위로의 마음 담아 초록편지를 배달합니다.

우리는 몸이 아프면 마음에 영향을 받습니다. 고통이 견디기 어려운 곳은 혼자서 짐 져야 한다는 외로움 때문입니다. 그러나 마음에 주님을 품은 사람은 두려워하거나 슬퍼하며 걱정하지 않습니다.

육신의 아픔과 고통, 외로움으로 낙심되실 때도 주님은 그 고통과 외로움에 함께 하시고 계십니다.

주여! 주님의 이름을 부르는 기도만으로도 마음이 충만해집니다.

마음의 아침을 여실 때, 내일은 밝아옵니다.

기도는 일어날 수 없는 일들을 일어나게 만드는 힘입니다. 주님은 쉬지 않고 기도하라고 하셨기에 그대를 위해 기도하겠습니다.

멈추지 않는 기도만이 '끝나는 고통', '끝이 없는 사랑'을 치유의 선물로 받게 될 것입니다. 그대를 위한 사랑은 그리움 속에 익어갑니다. 힘내세요.

"나는 곧 너희를 치료하는 하나님이시다"(출애굽기 15:26)

상처를 안고 여기까지 왔습니다

– 초록편지 (3)

숨 막히던 여름이 서서히 사라지며 서늘함이 감아 오는 바람에 가을을 느낍니다.

마음에 상처를 안고 힘든 시간을 보내시고 계시는 아픔이 얼마나 크십니까? 가까운 관계에서 받은 상처의 감정에 휩싸이면 그 상처가 아물기까지 겪어야 하는 마음의 고통이 깊다는 것을 알기에 위로의 마음을 담아 초록편지를 보냅니다.

가슴 깊은 곳에 크고 작은 숱한 상처를 품어 안은 채 지금 남모르는 눈물을 흘리는 사람들은 얼마나 많을까요? 세상을 살아가면서 다른 사람들에게 할퀸 마음의 상흔으로 얼룩진 사람들이 없이 살 수만 있다면 얼마나 좋을까요.

그러나 그것은 한낱 바람일 뿐, 현실은 그렇지 못해 상처 없는 사람들은 없습니다. 상처를 주지도 않고 받지도 않는 세상은 아무데도 없기 때문에 왜 상처를 주느냐고 따질 수 없는 것이 우리들의 현실입니다. 상처야말로 우리가 매일 먹는 밥입니다. 상처 없는 사람은 죽어버린 사람, 이미 죽은 사람들뿐입니다. 상처 없기를 바라다는 것은 죽기를 바란다는 것과 같은 것입니다.

우리 모두는 상처를 안고 여기까지 왔습니다. 상처가 아물기 위해서는 시간이 필요함을 압니다. 세월이 약이라는 말도 있습니다. 세월만큼 좋은 스승은 없습니다. 세월이라는 시간이 도움을 줍니다. 그러나 우리 스스로 치유를 위한 기도의 물을 주고 내 스스로 상처를 돌보는 노력이 절실히 필요합니다. 예수님의 못자국, 그 상처에서 흘린 피가 믿음의 뿌리를 적십니다. 향기가 배어 있는 사람의 가슴속엔 잘 익은 상처에서 꽃향기가 납니다. 그대의 상처가 주님의 선하심으로 회복되며 마음에 평안이 있으시기를 기도합니다.

"너희가 사람의 과실을 용서하면 너희 천부께서도 너희 과실을 용서하려니"(마태 6:14)

건강의 복을 주십니다

– 초록편지(4)

2014년 청마의 해, 사람들은 첫날부터 말씀을 받으며 한 해를 시작하였습니다.

그대여, 새해 들어 건강의 차도는 있으신지요?

육체의 고통을 버텨내셔야 하는 그대의 힘든 시간, 따뜻한 위로와 힘이 되어 드리고자 그리움을 담아 초록편지를 띄웁니다. 살얼음 속에서도 사랑으로 손을 잡고 끝끝내 끌어안으면 숨결이 뜨거워진다고 했습니다. 사랑은 생명의 꽃이며 희망이기 때문입니다.

우리는 나약한 인간이기에 영·육이 건강하게 살아가는 것이 쉽지를 않습니다. 주변엔 많은 사람들이 건강에 이상이 생겨 불안과 좌절, 낙심에 빠져 자학하는 것을 봅니다.

그러나 어떤 상황 속에서도 용기를 잃어서는 안 됩니다. 살아계신 하나님을 의지하며 우리 '함께' 영성을 가지고 간구할 때 주님은 독한 고통과 아픔을 생명과 편안으로 바꿔 주시는 치유의 광선을 비쳐 주시는 줄 믿습니다. 하나님을 힘 있게 의지하며 힘내

주시기를 기도합니다.

봄의 상징인 청마, 이 봄엔 건강의 복을 주실 것입니다.

"너희 속에 착한 일을 시작하시는 이가"(빌립보서 1:6)

따뜻한 웃음으로 축복합니다

– 초록편지 (5)

따뜻한 웃음이라는 것은 험악하고 힘든 세상을 살아가는데 실로 오아시스 같은 것입니다.

우리들이 사는 이 시대는 얼마나 외롭고, 겁이 나고, 불안하고, 서로를 믿을 수 없는 험악한 시대입니까. 이런 현상은 오로지 물질세계로 전환되어 가는 공업산업시대이기 때문에 정신의 세계가 날로 희박해져 가며 감동이 없는 가슴, 눈물이 없는 가슴으로 아름다운 인정이 무너져 가기 때문입니다. 영혼이니 정신이니 하는 애정이나 윤리적인 세계가 점점 붕괴되어 가면서 돈, 돈이 모든 것을 해결해 가는 세계로 변해가는 것입니다. 물질세계, 그곳에는 인간의 인간다운 정서생활이 고갈되어 가며 무서운 세상으로 급변해 가는 공포의 세상입니다. 이 공포의 세상에서 헤어날 수 있는 힘은 따뜻한 마음과 정신을 되찾는 일입니다. 우울하고, 외롭고 불안하고 시기와 질투, 오해와 비방, 시비와 공격으로 얼룩진 우리들의 생활을 따뜻한 웃음으로 축복의 말을 나누는 심정적 교감으로 밝게 고쳐 나가야 합니다.

말은 대단히 중요합니다. 말에는 힘이 있어 말 하는 대로 이루어집니다. 저주의 말에는 저주가, 축복의 말에는 축복이 내려집니다. 따뜻한 웃음으로 축복의 말을 서로에게 건넬 때 우울했던 얼굴이 펴지고, 외로웠던 가슴이 따뜻해지며 불안했던 삶에는 안정이 찾아오는 축복으로 특별한 매일 매일이 될 것입니다.

축복한다는 것은 좋은 것을 말한다는 뜻이며 좋은 말은 원만한 대인 관계를 맺는 행복한 일이 됩니다. 이제, 우리 서로 인사를 나눌 때 따뜻한 웃음으로 "축복합니다."라는 축복의 말로 우리 주변 모든 분들께 말을 합시다. 끊임없이 서로서로에게 따뜻한 웃음으로 축복의 말을 할 때 공포의 세상은 화평하고 살기 좋은 세상으로 바뀌며, 우리들의 삶은 복된 인생이 될 것입니다.

소나기가 내려야 무지개가 뜹니다

－초록편지(6)

보랏빛 자카란다 꽃들이 만발해 도시의 여름 풍경을 아름답게 하는 계절에 있습니다.

그간, 건강에 차도는 있으신지요?

초록편지로 문안 인사를 드립니다.

그대여, 소나기가 없는 하늘은 없습니다. 소나기가 내려야 무지개가 뜹니다. 우리네 인생길에도 생로병사라는 소나기가 있습니다.

사람들은 소나기를 만날 때, 어떤 불안이나 고통의 한 부분으로 여기며 왜, 내게 하는 원망의 마음을 갖게 됩니다만 고통의 소나기는 계속 퍼붓지 않고 곧 그치며 아름다운 무지개를 띄웁니다.

큰 힘과 큰 능력은 하나님의 권위이십니다. 절망을 경험할 때, 인간은 깊은 영성을 얻을 수 있습니다. 비록 고통과 아픔의 소나기라 할지라도 그대를 사랑하는 사람들의 간절한 기도는 높은 하늘 보좌에 상달되어 기도한 대로 다 받게 되는 줄 믿습니다.

잠시 소나기가 지난 후, 주님은 그대의 인생에 아름다운 소생의 무지개를 새롭게 띄워 주실 것임을 믿으시며 소망 가운데 마음에 참 편안이 있으시기를 기도하며 사랑을 전합니다.

"여호와여, 내가 수척하였사오니 긍휼히 여기소서…"(시편 6:2-4)

구름 위에 맑은 하늘이 있습니다

– 초록편지 (7)

마음으로 울면서 더위와 육신의 고통을 견뎌내시는 투병생활에 얼마나 힘이 드셨습니까?

이제, 가을이 오고 있습니다. 가을은 앉아 기다리는 것이 아니라 찾아가 두 손 잡고 속내, 마음을 나누는 찾아가는 계절입니다.

사랑의 마음을 담은 초록편지가 그대에게 찾아 갑니다. 힘과 위안을 얻기를 기도합니다.

왜 하필 나에게 이런 고통이라고 생각지 마십시오. 인간인 우리가 선택하는 고통이 아니기에 누구의 인생이든 힘들고 고통스럽지 않은 인생은 없습니다.

하나님은 인간이 감당할 수 없는 고통을 결코 주지 않으시며 우리가 병으로 아파할 때 언제나 치유의 손길을 늦추지 않습니다. 다만, 우리가 너무 조급한 마음으로 도움의 시간을 기다리지 못할 뿐입니다. 고통과 시련을 통해서 우리를 정금처럼 연단시키십니다.

병상의 일상이 고통스러워 삶이 등을 보이며 차갑게 돌아서는 것만 같다고 나약한 생각으로 한 순간이라도 낙심하며 포기하지 마십시오. 고통은 새로운 출발을 위한 자극이며 약간의 시간이 걸려야 해결되는 문제이기도 합니다. 소망의 기도는 생명을 지켜내게 하는 강한 힘입니다. 믿음의 아침은 내일을 밝히며 구름 위에 맑은 하늘을 보게 합니다.

그대를 위한 지인들의 사랑에 기도가 매일 하늘 보좌에 상달되고 있습니다. 용기를 잃지 마시고 힘내십시오.

"내 이름을 경외하는 너희에게는 공의로운 해가 떠올라서 치료하는 광선을 비추리니…"(말라기 4:2)

마음 밭에 기도의 물을 주세요

– 초록편지 (8)

가을이 깊어지며 색으로 충만한 세상이 오고 있습니다. 그간 건강의 차도는 있으셨는지요? 문안 인사를 드립니다.

주위에 크고 작은 육체의 병으로 통증이 주는 아픔 때문에 고생하시는 분들이 많습니다. 서럽고 외로운 내 마음, 털어 놓을 사람이 없다고 슬퍼하며 낙심하지 마십시오.

잊혀진 얼굴들처럼 남이 되기 싫은 사랑으로 그대 마음의 친구, 기도의 친구가 되어 드리는 초록편지에 생명에 기를 담아 전하니 심령에 위로가 되시기를 바랍니다.

고통을 견디어 낼 때 그 고통은 새로운 생명을 만들어 냅니다. 그대를 위해 기도 중에 있습니다. 고통과 슬픔에 젖을 때 우리가 의지할 분은 오직 주님이십니다. 그대를 사랑하시는 분은 바로 주님이십니다.

그대의 마음 밭에 기도의 물을 부지런히 주십시오. 치유와 내적 평화의 은총을 체험하실 것입니다. 힘내십시오.

"내 영혼아 네가 어찌하여 낙망하며 어찌하여 내 속에서 불안하여 하는고…"(시편 42:5)

슬픔을 이겨내셔야 합니다

– 초록편지(9)

상을 당하셨다는 부음의 소식을 들었습니다.

소중한 분을 떠나보내시며 얼마나 애통하시겠습니까?

다시는 그 얼굴을 볼 수 없다는 것이 고통스럽고, 좀 더 잘해주지 못해 후회스럽고 떠난 사람에 대한 절절한 그리움이 남아 있어 슬픔의 고통도 클 것입니다.

삼가 애도의 마음을 담아 가족 분들께 작은 위로를 드리고 싶어 초록편지를 띄웁니다.

우리의 삶은 상실의 연속입니다. 끊임없이 무엇인가를 떠나보내면서 살고 있습니다. 더욱이 죽음은 누구도 피할 수 없는 삶의 일부입니다. 시간에 따라 죽음으로 실려 가는 게 존재의 공동운명이기에 우리 모두는 천국행 열차의 예약 티켓을 끊어 놓고 하루하루 최선을 다하며 살고 있습니다.

거듭 피어나는 봄꽃처럼, 이승에서의 소풍이 끝나면 먼저 천국으로 이주한 분들과 다시 만나 끝나지 않은 이야기들을 꽃피우게 됩니다.

이제는 울음을 거두시고 차오르는 슬픔을 이겨내시며 슬픔을 떠나 보내셔야 합니다.

기도는 슬픔을 이겨내시는 힘이 됩니다.

마음에 평화 있으시기를….

"평안을 너희에게 끼치노니 곧 나의 평안을 너희에게 주노라" (요 14:27)

그대에게

– 초록편지 (10)

그대의 가정에 별고 없으시며 무탈하신지요?

문안 인사를 드립니다.

지금, 지구 곳곳에서는 사고에 의한 참변으로 고귀한 생명들을 무참히 앗아가는 안타까운 일들이 끊임없이 일어나는 공포감에 휩싸이는 현실입니다.

봄날에 시작된 세월호의 참사, 어느덧 여름을 맞고 있습니다. 불러낼 수 없는 이름을 목 놓아 부르는 상실의 아픔을, 살아있는 우리 모두는 주홍글씨처럼 가슴깊이 노란 리본을 새겼습니다. 결코 잊지 말아야 할 일이나 이제는 공포의 트라우마나 어두운 감정에서 벗어나기 위해 힘겨운 삶을 보듬고 힘을 내야 할 때입니다.

삶에 도사린 공포를 몰아낼 힘, 그것은 희망입니다. 글을 쓴다는 것은 인간에게 남겨진 최후의 희망이며 권능입니다. 희망은 공포만이 아니라 다가올 미래에 대한 두려움마저 맞서 이겨낼 용기이기 때문입니다.

생명의 소중함을 노래하고 사회적 문제를 승화시켜 문예화 시키는 작품을 발표해야 하는 것이 문학인들의 소명일 것입니다. 오늘보다 더 나은 내일을 위해 희망을 만드는 그대들의 작품들이 많이 발표되기를 기대합니다.

몸과 정신을 병들게 합니다

– 초록편지 (11)

오늘 하루 어떻게 지내셨습니까?

머리가 뜨겁도록 화가 나서 속상한 일은 없으셨는지요?

세상살이란, 좋은 일보다 불쾌한 일들이 더 많아서 우리는 사소한 일에도 흥분하며 혈압을 올리며 살고 있습니다.

우리는 나와 의견이 다르면 배신감을 넘어 분노를 갖게 됩니다.

"네가 어떻게 나한테 이럴 수 있어."

"내가 너한테 어떻게 했는데?"

네가 나한테 이럴 수 있느냐는 감정이 분노입니다.

분노는 사랑처럼 누구에게나 있는 지극히 정상적인 감정입니다.

그러나 분노의 감정을 다스리지 못하고 성급했을 땐, 분노는 파괴적인 힘이 있어 어이없는 대형 사고를 내게 하며 아픈 채찍으로 생을 가두며 삶의 소중한 것들을 상실하게 합니다.

분노를 내면에 담는다는 말은 '참는다'의 뜻입니다. 불같은 분노를 느낄 때 10분만 심호흡으로 참는다면 불행을 상속하는 일은 결코 일어나지 않을 것입니다.

분노의 감정을 오래 품으면 우리의 몸과 정신을 병들게 합니다.

"분을 내어도 죄를 짓지 말고 해가 지도록 분을 품지 말고"(엡 4:26)

왜 이리 과격한 시대입니까?

– 초록편지 (12)

과격, 오늘 이 시대의 화두입니다. 이 세상이 왜 이리 거칠고 과격해지는 것인지 막가는 사람들이 판을 칩니다. 무서운 세상에서 우리들의 자녀들을 위해 기도합니다.

주님, 자녀들의 생각, 행동 속에 항상 살아계셔 그들을 주님이 원하시는 대로만 자라게 하옵소서. 한 점 티도 흠도 없는 튼튼하고 아름다운 그릇으로 빚어주옵소서. 오만함 대신 겸손함으로, 욕심대신 사랑으로, 우둔함 대신 지혜로움으로 자라게 하옵소서.

자녀들을 지켜주옵소서, 잠들 때나 깨어 일어날 때, 차를 탈 때나 신호등 앞을 지날 때, 공부할 때나 뛰어놀 때, 친구들과 함께 있을 때나 홀로 있을 때,

주님, 버려두지 마시고 두 손으로 품어 주시며 귀한 그릇이 되게 하소서.

"합심하여 무엇이든지 구하면 이루게 하시리라"(마태 18:19)

그럼에도 불구하고

– 초록편지 (13)

날씨가 추워지고 있는 계절입니다. 그동안 건강은 좀 어떠신지요? 이 세상 누구보다 소중한 그대에게 주님의 이름으로 문안 인사드리며 사랑의 초록편지를 띄웁니다.

사랑은 생명의 꽃이며 희망입니다.

날마다 온전한 치유와 빠른 건강의 회복을 원하는 기도를 멈추지 않으면서도 우리는 나약한 인간이기에 때론 좌절도 낙심도 합니다만 그럼에도 불구하고 주님의 보호와 섭리를 깊이 의지하며 감사의 기도에 끈을 놓지 않을 때, 주님은 기적을 베푸시며 새날들을 활발히 시작할 수 있는 건강을 주실 것입니다. 곱절의 감사, 큰 감사의 날들은 반드시 찾아옵니다.

어떤 처지에서든 감사하는 사람은 모든 역경과 위기상황을 극복해내고 별과 같이 빛나는 인생을 살게 됩니다. 감사는 그리스도인의 모든 생활의 기초요, 동력이요, 근본이기 때문입니다.

주님의 치유 방식과 사랑을 전폭적으로 신뢰하며 낙심하지 마십시오. 여기저기에서 그대를 위한 사랑에 기도가 하늘 보좌를 향해 연기처럼 오르고 있습니다. 마음에 평강이 있으시기를…

"Happy Thanksgivung Day!"

"그러나 보라 내가 이 성을 치료하여 고쳐 낫게 하고 평강과 성실함에 풍성함을 그들에게 나타낼 것이며…"(예레미아 33:6)

붉은 장미를 보냅니다
– 초록편지 (14)

생일을 축하합니다.

그대의 나이만큼 붉은 장미를 초록 바구니에 담아 배달합니다.

그대의 삶이 오늘 밝히는 축하 케이크에 촛불처럼 아름답기를 기도합니다. 그대의 맑은 마음에 언제나 행복의 꽃들로 언제나 사랑의 열매로 가득 하시기를 원합니다. 그대의 소망들을 주님이 인도하시며 이루어 주시기를 바랍니다. 언제나 그대는 에녹과 같이 주님과 동행하시며 사랑 받는 삶이 되시기를 기도합니다.

거듭 생신을 축하드리며 건강과 장수의 축복을 누리소서….

"너는 행복자로다 여호와의 구원이 너같이 얻은 백성이 누구뇨"(신 33:29)

제 본래의 모습으로 돌아오게 합니다

– 초록편지 (15)

숲과 들, 초목들의 잎새들이 은총의 초록 빛깔을 내뿜는 소생과 희망의 계절, 봄입니다.

그대의 얼굴을 떠올리며 초록편지에 그리움을 담아 봄 편지를 띄웁니다.

병상의 하루를 친절한 마음과 온유한 말을 그리워하며 병으로 고통 받는 외로움 속에 혼자라는 비통한 심정으로 지내고 계시지는 않으셨는지요? 안부를 드립니다.

하나님의 뜻대로 살지 못하는 우리들에겐 공평한 배급처럼 저마다 감당해야 하는 삶의 아픔들이 있기에 혼자가 아닌 우리들은 함께 있습니다.

고통이나 아픔은 이 순간 살아있음에 대한 증거이기에 감사의 기도입니다.

눈물의 감사 기도를 주님은 들어 주시며 모든 위기 상황을 극복케 하고 소원을 이루는 새 사람으로 탄생 시켜주시며 새 날을 시작할 수 있는 힘을 주십니다.

하나님의 섭리에 따라 새 봄에는 모든 것을 본래의 제 모습으로 돌아오게 합니다. 칼날 같은 겨울을 뚫고 나무는 나무대로, 풀은 풀대로, 개나리, 진달래 등, 꽃들은 꽃들대로 본래의 아름다운 제 모습을 꽃 피우며 돌아옵니다.

치유의 근본이신 주님께서 이 봄, 그대를 병상에서 털고 일어나시게 하는 치료를 통해 본래의 그대의 건강한 모습으로 회복시켜 주시며 자유케 해주시는 계절이 되기를 기도합니다.

"모든 눈물을 그 눈에서 씻기시매…"(계 21:4)

기다림은 먼 곳을 바라보게 합니다

– 초록편지 (16)

세상을 살아가면서 놓치고 싶지 않은 사람들이 있습니다. 한동안 소식이 뜸하거나 연락이 두절될 때 안부를 묻고 싶은 사람들입니다. 그 중 한 분이 그대입니다.

그대의 빈자리가 크게 느껴지며 생활에 무슨 변화가 있으신지 마음이 쓰였습니다. 몸이 아프신지, 아니면 여행 중이신지, 많이 바쁘신지, 궁금한 마음을 실어 초록편지를 보냅니다.

사람이 행복하려면 무엇인가에 자기를 맡길 수 있는 만큼 열중하는 것이 필요합니다. 신앙생활도 열중하는 생활입니다. 우리가 믿는 진리에 열중하고, 교회생활에 열중하고, 사랑에 열중하고, 자신에게 맡겨진 일에 열중하고, 진실한 나의 역사를 만드는데 열중할 수 있다면 얼마나 행복하겠습니까?

그대의 빈자리가 기다림으로 이어져 먼 곳을 바라보게 합니다. 기다림은 사랑입니다. 어서 돌아오셔서 건강하신 모습 반갑게 만나 따뜻한 인사를 나눌 수 있기를 기도합니다. 편안하소서….

“그러므로 내 사랑하는 형제들아 견고하며 흔들리지 말며 항상 주의 일에 더욱 힘쓰는 자들이 되라 이는 너희 수고가 주 안에서 헛되지 않은 줄을 앎이니라”(고린도전서 15:58)

상처는 아름다운 꽃입니다

– 초록편지 (17)

여름날 아침 해맑게 피어난 나팔꽃, 신선하고 잔잔한 기쁨을 줍니다. 나팔꽃은 아침 태양의 밝고 따스한 기운을 받아 활짝 피어난 것이 아니고 밤사이 어둡고 싸늘함이 있어 피어난 꽃입니다.

그대여! 오늘 기분은 어떠세요? 괜찮으신가요?

우리는 일상에서 끊임없이 서로에게 크고 작은 상처를 주고받으며 살아갑니다. 어떤 이는 한 번의 상처로 한 생애를 고통 속에서 살아가고 어떤 이는 거듭되는 상처에도 다시 일어납니다. 마음에 드리운 상처일수록 그 아픔은 더 크고 오래 갑니다.

그 상처에 호호 따스한 입김을 불어 드리며 위로해 드리고 싶어 그리운 마음을 담아 초록편지를 띄웁니다.

때로는 내 상처가 억울하다고 하늘을 향해 목 놓아 울며 기도할 때에 주님은 "내가 다 알고 있다"라는 위로의 음성을 들려주십니다. 상처를 주고받는다는 것은 어쩌면 살아있다는 또 다른 증거인지 모릅니다.

문제는 상처가 아니라 상처를 대처하는 우리의 마음 자세입니다. 그 시린 상처를 통해서 더욱 마음이 굳세질 것입니다. 상처를 보듬고 다독여 꽃으로 피워낼 수 있다면 그 상처의 고통을 아파할 일이 있겠습니까? 상처는 내 스스로가 꽃으로 피어날 수 있는 씨앗이자 거름입니다.

그대의 마음의 평화를 위해 두 손 모아 간절한 기도를 드리고 있습니다. 머지않아 그대의 상처는 아름다운 나팔꽃으로 피어날 것입니다.

"나 여호와가 말하노라… 내가 너를 치료하며 네 상처를 낫게 하리라"(예레미야 30:17)

7

축하합니다

진실과 애정이 조응한 글

퇴색하지 않는 빛으로

다양한 삶을 통해 이루어낸 결실

글꽃되어 피었다

좋은 그림 같은 사람

만남의 단합으로 피워낸 글꽃들

숲을 이루는 동인시대

진실과 애정이 조응한 글

— 한영 에세이 ≪하지 못한 말≫

이민 생활의 바쁨 속에서 글을 쓴다는 것은 너무나 벅차고 힘든 일이라는 것쯤은 모르는 사람이 없다. 생업이 되기 힘들고 한 조각의 빵도 되어 주지 않는 일에 열정을 쏟아 보아야 괜히 시간 낭비로 비쳐지기 때문이다. 그럼에도 불구하고 일상에서 얻어지는 경험과 아픔을 속으로 삭이면서 스스로를 연단하기 위해 글을 쓰며 글로 토해내는 문인들이 미 전 지역에 속속 뿌리를 내리고 있다.

한영 선생이 첫 수필집을 출간하게 되어 기쁘기 그지없다. 또한 축하의 글을 쓰게 되니 인생은 만남이라는 말이 생각난다. 필자와는 소중한 만남이요, 좋은 인연이라고 여겨진다.

선생은 수필을 공부하면서 3년 전 〈한국수필〉로 등단한 신예작가이다. 그녀가 수필집을 출판했다면 혹 어떤 이는 "아니 벌써"하고 놀랄 반응도 보일 수 있겠으나 등단 햇수가 많고 적음이 문제가 아니다라는 생각이다. 문학은 그녀의 삶이며 그녀가 살고 싶어하는 세계이고, 자신을 향한 애정이기 때문이다.

문학수업을 통해서 본 선생은 과묵하고 남다른 끈기와 열정, 성실함을 갖춘 인품의 사람이다. 글은 곧 그 사람이라는 말이 있듯이 선생은 말보다 글로 가족과 자연 그리고 많은 사물에 관심을 가지고 바라보는 마음으로 이민 생활과 밀착된 삶의 이야기를 편안하게 풀어간다. 그러므로 생면부지의 독자라 할지라도 글을 통해 글쓴이의 생각과 그 깊이, 나아가 그녀의 삶의 방식과 향기까지 가늠해 볼 수 있고 인간적인 친근감을 느끼게 될 수 있기에 망설이는 선생의 출판을 적극 권했다.

필자의 작품을 대하면 선생과 함께 살아온 많은 사람들이 언급되고 있고, 그들 한 사람, 한 사람에 대해 작가는 무한한 애정과 그리움을 표하고 있다. 진지하고 겸손한 영혼, 따스한 사랑으로 감싸고 이해하려는 고운 마음씨가 전 작품에 담겨져 있어 그녀의 인품이 그대로 드러나고 있다. 고뇌와 아픔이 배어있는 언짢은 상념의 글이라 하더라도 그것을 자신의 성찰과 깨달음의 미학으로 승화시키고 있는 마음자세가 돋보이며 이민 1세대가 갖는 퓨전현상이 들어있다. 추억 어린 고국의 서정성과 한국문화, 미국사회에서 세계인으로서 살아가면서 체험하고 속내 깊이 느낀 것을 새롭게 수필화하고 있다는 점에서 호감이 간다.

오늘은 내일을 위한 받침돌이다. 향후, 대상을 관찰하는 정신의 끈을 놓치지 않음으로써 보다 탄탄하고 더 좋은 글이 나올 것을 기대하며 처음 선보이는 선생의 처녀수필집을 진심으로 축하한다.

퇴색하지 않는 빛으로

—장명옥 수필집 ≪발바닥에 불났다≫

장명옥 선생이 처녀수필집을 출판하게 되었다는 소식을 듣고 태어나 말끔하게 목욕을 하고 새하얀 포대기에 싸인 갓난아이를 처음 만나는 그런 기쁨으로 축하하며 큰 박수를 보낸다. 다가오는 사랑마다 첫사랑처럼 가슴 설레듯, 한 권의 책을 펴내는 노고를 대할 때마다 떨리는 가슴이 된다. 책을 낸 저자의 글을 먼저 읽고 그 뒤에 그것을 쓴 작가를 만날 경우도 있고 반대로 저자를 먼저 알게 되고 후일에 그의 글을 읽게 되기도 하는데, 나와 장 선생과의 경우는 후자에 속한다. 장 선생이 수필 공부를 시작하면서 글 선생으로 만났으니 참으로 보배스런 인연이 아닐 수 없다.

가까이에서 본 장 선생은 가정적이고 다정다감한 사람이어서 누구나 친근감을 갖게 한다. 다정다감한 성격은 삭막한 시대에 더구나 이민생활을 하는 한인들에게 호감을 느끼게 하는 요소다.

격의 없이 친구로 만들어 버리는 성품은 착함과 따뜻함에서 우러나오는 심성 때문일 것이다.

장 선생은 이국에서 자기 수련의 한 방법으로 창작 활동을 지속해 왔다. 때로는 글쓰기를 포기하고 싶을 때도 있었을 것이다. 이것이 뭐 밥이라도 되는가, 엎어버리고 싶을 때도 있었을 것이다. 그러나 문학에 대한 절망을 거듭하면서도 포기하지 않고 문학의 끈을 쥐고 놓치지 않으려는 노력이 그녀의 영혼을 성숙시키며 수필가로서 등단한 작가가 되었다.

수필은 평범함 속에서 진리를 발견하고 무가치한 것에서 진정한 빛깔과 향기를 찾아내는 글이다. 장명옥 수필가 역시 주변의 일상사를 작품의 소재로 선택하고 있다. 글을 쓰는 사람은 세상의 아무것도 그냥 무심히 스쳐가는 것이 없다. 흰 구름 한 가닥, 그 구름의 빛깔, 풀 한 포기의 생애, 사물의 그늘을 그리고 살아있거나 사라지는 것에 대해 무관심하지 않는다. 글쓰기는 모든 것에 대한 사랑이기 때문이다. 장 선생의 수필은 원대하거나 심오하거나 치열한 세계가 아니라 소박하고 사소하고 평범한 것들 속에서 삶의 기쁨과 사랑을 확인하면서 가족과 호흡하며 사는 재미를 보여주는 글이며 삶의 애환을 그리고 있다. 또한 한국을 배경으로 하여 한국의 혼을 담아낼 수밖에 없는 수필가이다. 그녀의 글이 담고 있는 그만의 빛깔과 향기가 이를 잘 입증해 준다.

설익은 밥을 귀한 손님들에게 내어놓는 두려움과 부끄러움을 면하기 위해 누에가 비단실을 뽑아내듯이 자신의 안에 있는 생각들을 토해내고자 애를 쓰며 창작에 열정을 다하는 그녀의 숨결을 작품마다에서 읽을 수 있다. 지나치게 개인과 가족사적인 것에 매달려 있는 듯하지만, 읽어가는 중에 자신도 모르게 가족적인 맛과 행복감에 빠져드는 것을 느끼게 하는 개인성을 띠고 있는 감성적인 삶과 사고의 소유자로서. 삶을 영위하는 데 있어서 가장 중요한 것은 가족애와 가정의 화목임을 시사하고 있다.

문학은 인간 본연의 심성을 추구하는 것이고 특히 수필은 그 심연에 가장 가까운 장르이다. 장 선생의 맑고, 고운 순수의 마음을 잃지 않고 지금까지 달려온 그 의지와 기백으로 더욱 인격적인 향기가 풍겨나는 격조 있는 작품을 창작할 때 작품의 세계는 한 계단 깊어지고 넓어지며 문학적인 발전이 있을 것이다.

튼실한 소나무에서 솔향이 멀리 번지듯 가지마다 향기 가득 품어 문향이 진한 나무로 가꾸어 나가며 퇴색되지 않는 빛으로 남을 명 수필들이 발표되기를 기원하며 축배의 잔을 들어 수필집 상재를 축하한다.

다양한 삶을 통해 이루어낸 결실

—조옥규 수필집 ≪내 안의 빨간 장미≫

수필은 자신의 인생과 영혼을 담는 그릇이다. 체온과 체취가 어린 글의 그릇을 만들게 된다는 것은 고무적인 일이 아닐 수 없다. 조옥규 선생이 첫 수필집을 출간한다니 기쁘기 그지없는 일이며, 축하할 일이다.

변화의 질주 속에서도 창조의 꿈을 가슴에 지니고 살 수 있다는 사실은 축복받는 일이다.

외국에서 수필은 쓰는 작가들의 경우 치열한 문학정신과 오랜 습작 과정 없이 이민의 애환이나 신변잡기의 기록에 그친 글들이 많으나 이국에서 모국어로 문학을 하고 있는 것만으로도 박수를 보내며 질보다 행위 그 자체만으로 찬사를 보내곤 한다.

조 선생은 늦은 나이에 수필공부를 시작하여 부단한 노력으로 3년 전, 한국수필로 등단한 신예작가이다. 선생은 열정적이고 활달한 성격의 소유자로서 어느 한 곳에 멈춰서 자리를 지키는 것으로 만족하는 사람이 아니다. 광활한 곳을 향해 도도한 흐름을 멈추지 않는 물 같은 사람이다. 등단 3년 만에 수필집을 출간하게 된 것은 작가가 수필에 쏟는 열정이 얼마나 강하며 간절했음을 입증하는 예가 될 것이다. 그의 작품의 가치는 끊임없는 도전과 도전의 결과로 맺어지는 결실의 신선함이다.

시달려 사느라 잊고 있었던 것을 상기시켜 주는 자상한 면모를 지닌 것이 수필이다. 수필 작품 안에는 한 인간이 경험한 그리움, 아픔, 희망, 좌절, 환희, 희로애락의 삶과 현재의 삶, 간절히 소망하고 있는 실현 가능한 미래의 삶이 소담스럽게 무리를 이루고 있다. 수필은 한 그루의 나무가 아니라 그것들이 모여 이룬 숲이다. 이러한 인식은 조 선생의 작품에서도 잘 나타난다.

조 선생의 글은 그녀의 삶 자체이고, 그만의 색깔이며 그가 만난 세계다. 자신의 치열한 삶의 모습을 언어라는 수단을 통해 체계화하며 객관화하고 있다. 자연과 사람에게 쏟는 애정과 연민, 고향에 대한 추억과 향수로 채워져 있고, 미국에서의 삶을 보여주며 다문화 가족 속에서 한국문화의 정체성을 계승하고 새로운 삶의 전개와 발견을 수필로 피워놓고 있다. 이것은 인간의 삶 자체가 유한하고 많은 역경을 동반한 것이기 때문이다. 모든 사건이나 사물을 사랑과 연관으로 미화시키는 매력이 있고 삶의 실체에 바탕을 둔 살아 있는 글들이 되어 그의 글을 통해 우리가 살아가는 모습을 만나게 된다. 수필의 멋은 냉철한 이성과 논리의 경우보다는 오히려 따뜻한 인정에서 찾아지는 것이기에 인간에 대한 애정이 배제된 문학은 존재할 수 없음을 작가는 알고 있다.

요즈음은 어디를 가나 비슷비슷하게 살고 있지만 예전에는 그 고장 나름의 냄새가 있고 빛깔이 있었다. 그것은 그곳 사람들이 가진 향취와 같은 것이다. 작가의 글에는 고향에 대한 향수가 유난히 짙게 서려있다. 그것은 고향에 대한 정서가 아직도 강한 체취로 남아 있기 때문일 것이다. 또한 인생에 대한 성찰과 깨달음의 꽃향기가 풍긴다. 정보는 짧은 시간 획득할 수 있지만, 깨달음은 작가가 인생길 걸어오면서 체험을 통해 발견한 자신이 얻는 자각이다.

문인은 누구나 자신의 열정과 능력을 최대한 발휘하여 좋은 글을 쓰고 싶은 꿈을 가지고 끝없이 창작에 임한다. 좋은 글은 문장의 솜씨에서 나오며 독자를 끌어당긴다. 문장은 곧 글쓴이의 마음이기에 아름답고 순수한 심성을 잃지 않아야 좋은 글을 쓸 수 있는 바탕이 될 것이며 부족한 점을 보완하고 확충하기 위해 최선을 다할 때, 인간의 체온을 데우고 우리의 가슴을 뜨겁게 하는 수필가로 탄탄한 자리매김을 할 수 있게 될 것이다. 좋은 수필은 인간의 가슴과 가슴으로 흐르는 강물과 같다. 조옥규 선생은 강물은 스스로 깊어지며 맑아진다는 것을 아는 작가이다.

바쁜 이민 생활에서 시간을 쪼개어 작품을 창작하는 일은 쉬운 일이 아니다. 조옥규 선생의 수필집 간행은 그동안 수필에 바친 열정과 노력의 결정이었다.

이번 출판의 계기로 더욱 문운이 빛나기를 기원하며 누에가 비단실을 뽑아내듯 계속해서 좋은 글이 많이 쏟아져 나오리라 기대하며 축하의 힘찬 박수를 보낸다.

글꽃되어 피었다

—김성옥 수필집 ≪다우니의 조약돌≫

한국수필로 등단한 수필가 김성옥 선생이 등단 4년 만에 60의 나이를 기념하는 첫 수필집을 출간한다니 반갑기 그지없다. 기쁨을 담아 축하의 큰 박수를 보낸다. 선생의 체온과 체취가 어린 글꽃들을 담을 글 그릇을 만들게 된 것은 고무적인 일이며 아름답게 피어난 글꽃들이 자랑스럽다.

강과 바다에 널려 있는 조약돌은 처음부터 그 모습으로 존재한 것은 아니다. 물에 씻기면서 조약돌이 되어가듯 김 선생 역시 오랜 문학수업을 통해 수필에 대한 작법의 깊이를 쌓아올리며 자신이 경험한 것들, 진실을 가공하지 않은 것들을 문학이란 미적 옷을 입히는 주옥같은 글꽃으로 피워내기 위해 글 날을 세우는 노력과 정성을 아끼지 않았기에 작품집이 출판되는 결과를 있게 한 게 아닌가 한다.

생면부지의 사람들이 꿈을 품고 수필교실에 모여 자기를 소개하며 첫인사를 나눌 때, 서로에게 새로운 인연이 시작된다. 김성옥 선생과도 수필로 만나 보배로운 사이가 되어 인생과 문학의 길에 동행자가 되었다.

김성옥 선생은 화끈하거나 뜨겁게 열정적이지 않은 덤덤한 성격의 사람이다. 두 팔을 벌리고 달려오는 사람도 아니고 한동안 뜸하다 만나도 어제 본 듯 늘 가까이 있는 것처럼 느껴지는 그런 사람이다. 누구나 가까이 할 수 있는 소탈한 사람이고, 상대의 말을 잘 듣는 순진한 사람이다. 조심이나 경계하는 마음의 빗장을 걸지 않아도 되는 상대를 편하게 하는 사람이고, 자연을 따라 길을 떠나는 여유를 즐기는 사람이기도 하다. 무엇보다도 따뜻한 가슴을 가진 선생은 나누고 베푸는 것을 좋아하는 인간미가 있어 주변에는 늘 사람들이 모여들며 풍요로움을 함께 즐기기에 작가의 작품에도 자연과 사람에게 쏟는 풍요롭고 따스한 정의 분위기에 젖게 하며 인간의 최고가치가 사랑임을 형상화하고 있다.

수필은 체험의 문학이다. 수필가의 다양한 체험은 다채로운 수필을 빚을 수 있는 원천이 된다. 한 권의 수필집을 출간하는 것은 한 작가의 삶과 인생을 드러내는 행위이기에 작가의 개성과 사랑, 상처, 눈물까지 알게 되는 친근감을 들게 한다.

글 쓰는 작가는 세상의 아무것도 무심히 스쳐가는 것이 없다.

흰 구름 한 가닥, 그 구름의 빛깔 풀 한포기의 생애, 사물의 그늘 그리고 살아있거나 사라지는 것에 대해 무관심하지 않는다. 글쓰기는 모든 것에 사랑이기 때문이다.

작가는 일찍이 경험한 상처의 아픔, 내면의 고통을 글쓰기로 치유하며 창작의 모태로 삼아 아름다운 글꽃들을 피워냈기에 감동을 준다. 우리들의 평범한 일상 속에 문학이 있고 진실한 삶 속에 수필이 있다. 가슴이 따뜻한 작가의 수필, 글꽃들이 고단하고 힘든 이들에게 위안이 되기를 바라며 건강과 건필을 기대한다.

좋은 그림 같은 사람

—오세리현 에세이 ≪바람 불어 좋은 날≫

오세리현 선생이 첫 수필집을 출간한다는 소식이 나를 행복으로 이끌어 주기에 한껏 축하해 주고 싶다. 살면서 보배로운 인연을 만나 고개를 넘고 강물을 건너 새로운 길을 찾아 함께 동행해 주며 도움을 주는 좋은 사람이 있다는 것은 얼마나 고마운 은혜인지 모른다.

축하의 글을 쓰려니, 어느 잠수부의 이야기가 기억난다. 잠수부에 있어서 어디 만큼 깊게 잠수하느냐 하는 것이 문제가 아니라 어떻게 하면 다시 수면으로 떠오를 수 있는 최대의 깊이까지 잠수하느냐라고 한다. 아무리 깊이 이 세상 누구도 도달하지 못한 심해까지 내려가서 설사 용궁을 보았다 해도, 희귀한 산호나 진주를 손에 넣었다 해도 인간 세상으로 떠올라 체험하고 획득한 걸 기록이나 증거로 남기고 널리 알리며 자랑하지 않으면 아무런 뜻이 없이 그냥 익사한 것과 다름이 없다는 것이다. 그보다도 자기 구원과 인류 구원, 자애로운 이웃사랑, 독선과 공동의 관계를 비쳐 볼 수 있는 묘미 때문이라고 한다.

오 선생은 문단등단 이후, 문학을 사랑하며 글을 쓰는 일에 꿈이 있고 그리움이 있었기에 오랜 세월 문학의 바다에 깊이 빠져 지낸 것은 깊은 문학의 세계를 파악하려는 고차원적이고도 영원성을 지향했기 때문이 아닌가 싶다. 그녀의 가슴을 울렁거리게 하며 경탄과 기쁨을 자아내게 했던 자연의 질서, 그녀가 만났던 사람들, 일상의 사소한 것들에 대한 애정과 감사 등, 본 대로 느낀 대로, 경험한 것들을 마치 잠수부와 같이 놓치지 않고 끌어안고 나와 그것들을 열어 작품으로 문예화시켜 이제 세상에 선을 뵈는 첫 작품집이기에 더욱더 기대되며 기다려진다.

어떤 사람에 관해 애기를 하거나 글을 쓸 때는 대단히 조심스럽기는 하나 가까이에서 본 오 선생은 인간적인 기본을 거의 완벽에 가깝도록 갖춘 사람이다. 그림으로 본다면 바탕, 재료, 재능, 구도, 색감 그리고 여백의 온갖 요소가 적절히 배치되어 잘 조화된 한 폭의 좋은 그림에 비길 만한 사람이다. 그녀를 만날 때면 좋은 그림을 만날 때와 같이 약간의 설렘이 있고 언제나 기분이 좋다.

마음이 탁 트여 있어서 누구나 격의 없이 가까이 할 수 있는 소탈한 사람이고 말을 아낄 줄 아는 사람으로 언제나 최선을 다하며 열심히 사는 생활인이고, 모든 일에 긍정적으로 생각하고 받아들이는 탄탄한 사람이고, 어두운 그림자를 찾아 볼 수 없이 항상 웃는 얼굴, 그야말로 뒷맛이 산뜻한 사람이며 한 가정에 지혜로운 아내이며 어머니이다. 참다운 삶에 의미를 알아 스스로의 삶을 풍요롭고 멋지게 가꿀 줄 아는 작가이다.

책에 수록된 글들에는 작가의 인품이 반영되지 않은 글들은 없을 것이며 작품 속에 우리 이웃, 우리 사회에 대한 그녀의 애정 즉, 사랑이 표현되어 있을 것이다. 오세리 현 선생의 처녀 수필집, 독자들과 정겨운 만남으로 진지하며 감미롭게 읽혀져 우리들의 고단한 삶에 빛과 신명이 넘치기를 바란다. 수필집 상재를 거듭 축하하며 건필을 기원한다.

(2014. 10. 20)

만남의 단합으로 피워낸 글꽃들

—수향동인 제1집 ≪숲의 향기를 따라≫

수향문학회 회원들의 동인지 발간을 축하하며 그동안의 노고와 결과에 경애를 표합니다. 한번 결정한 마음을 초지일관한다는 일이 얼마나 어려운 일인가를 잘 알고 있는 일이기에 동인지 간행은 수향문학회의 면모를 유감없이 보여준 쾌거입니다.

책 한 권이 세상에 태어난다는 것이 그리 쉬운 일이 아닙니다. 글을 쓴 작가들이 밤을 새우는 고뇌와 노력이 없으면 불가능한 일이기 때문입니다. 여러 사람들이 마음을 모아 하나의 뜻을 이루는 일은 생각처럼 쉬운 일이 아니며 그 만남의 의미를 저버리지 않고 있다는 자체만으로도 충분히 존경받을 만한 일입니다.

우리는 자기에게 주어진 생을 사는 동안 많은 사람들을 만나게 됩니다. 인연에 따라 사람들에겐 변화를 만드는 계기가 되기도 합니다. 수필교실로 모인 만남은 짜여진 시간 사이로 문학의 시간을 마련하고 수필의 이론을 배우며 글쓰기에 몰두하는 노력으로 문학의 꿈을 이룬 신예 수필가들로 변모하는 성장을 가져왔습니다. 성장의 가속도는 우리라는 글벗 동인으로 번져 오늘의 공동 출판이라는 아름다운 만남의 결과를 맺게 했습니다. 내가 걸어온 길 중, 그 어느 것보다 의미 있고 보람을 느끼는 일입니다. 동인 수필집에 실린 글들은 나름대로 모두 바쁜 생활 속에서 고생하며 내놓은 자신의 내면을 갈고 닦으며 키운 자기만의 향기와 색채가 배어 있는 작품들입니다.

수필은 고백의 문학입니다. 삶의 한복판에서 받은 마음속의 상처, 좌절, 실패, 분노, 수치심, 고통 등을 가슴에 묻어두며 괴로워하지 않고 고백을 통해 토로해 냄으로써 스스로 응어리진 한들을 치유케 하고 혼탁한 마음을 씻어내 정화하는 힘이 있는 글입니다.

금번 공동 수필집에 수록된 작품들은 문화권이 다른 이민의 삶 속에서 각자가 당하며, 배우며 경험한 아픔들을 나름대로 성찰과 사유를 통해 토로하며 한 송이 꽃으로 피워낸 감동적인 글들의 모음입니다. 자신이 하는 일에 애정을 갖고 가슴에 열정을 지펴낸 글들은 사랑을 받지 않을 수 없는 소중한 글이 될 것입니다.

글쓰기에는 정년이 없습니다. 고난의 항해 속에서 더욱 글샘이 깊어지기를 바라며 글쓴 사람의 고통과 즐거움이, 읽는 사람의 폐부 깊숙한 곳까지 전해져 여운을 남기는 글이기를 소망합니다.

숲을 이루는 동인시대
—수향동인 제2집 ≪숲의 향기 아래≫

얼굴도 판이하고 목소리 역시 개성들이 넘치지만 한데 모아 놓으면 숙련된 오케스트라의 연주처럼 조화로운 화음을 이루는 것이 동인들의 모습이다.

초록의 계절이다. 무성한 잎사귀가 햇빛 속에서 성장의 기쁨을 알리는 때, 수필가 일곱 분이 마음과 뜻을 모아 제2집의 동인지를 발간함은 끈끈한 동인으로서의 유대감을 또 한 번 보여주는 경하할 일이다. 출판의 소식은 값진 보석도 묻혀 있으면 하나의 돌덩이에 불과하나 굴절로써 광채를 띠어야만 빛을 보는 가치와 같다는 생각을 들게 한다.

시작이 반이라는 말이 있다. 작년에 이들은 제1집의 동인지를 출판했고, 또 다시 제2집의 동인지를 묶어 책 출판을 하게 되었다니, 한 곳에 머무르지 않고 끊임없이 성장하는 모습이 반갑고 믿음직스러우며 수필사랑을 위해 열정을 다하는 노력은 1집 때보다 새로운 수필작법으로, 새로운 시각으로 한 단계 더 깊어지고 넓어진 작품들이 발표되었으리라 여겨진다.

수필을 쓴다는 것은 어려운 일이고 주저되는 일이며 갈수록 힘이 드는 일이다. 한 인간이 경험한 일들을 적나라하게 그대로 자기를 드러내는 작업이기에 솔직하고 성실하게, 심혈을 기울여 써야하기 때문이다. 어떤 이들은 수필은 끝없는 고통과 번민의 길로 이어지는 미로라고도 말한다.

"무거운 짐을 짊어지고 사막 위를 묵묵히 걸어가는 낙타의 형상이 인간의 삶"이라고 한 니체의 말처럼 사람들은 저마다 다른 모습으로 살아가고 있지만 비슷한 환경 속에서 유사한 생각을 하며 산다. 아마도 동인지의 실린 글들은 이민의 고단한 삶을 사막의 도시에서 살아가는 사람들의 빛깔이자 체취이며 온기일 것이다. 그들의 글 속에는 다인종, 다문화가 같이 어울린 삶의 현장이 있을 것이고 최선을 다해 살아가고 있는 이민자들의 진실한 일상의 숨소리가 서려 있을 것이다.

글을 읽을 때 가장 감동을 받게 되는 것은 진솔하고 진지한 마음의 토로이다. 작품 한 편 한 편마다 창작의 고통 속에서 갈고 닦으며 애정을 갖고 가슴에 열정을 지펴 태어난 글들이기에 사랑

받지 않을 수 없다.

수필을 사랑하는 사람들이 모여 제2집의 동인지를 내게 된 것을 마음을 다해 축하하며 문향이 진한 동인의 숲을 이루는 동인시대가 되기를 바라며 거듭 출판을 축하한다.